活著，是活一種感受，不是活一種證明

35歲，活著確實是一件非常複雜的事

35 year old

35 year

我們看見陰影，是因爲背朝陽光。
只要我們轉過身，就能面向太陽。

建自己的廟，念自己的經，成自己的佛，才是自己應該做的事
我們的一生中，只需要一次成功即可。

35 year old

窮人　富人的距離0.05mm

暢銷作家
張禮文 又一暢銷著作

生活這場無規則遊戲，我們玩不起也得玩，否則就被玩。
至於最後能不能通關，現在不用想，想也沒用，能過幾關是幾關。
我們只有在玩的過程中，讀懂規則，巧妙而合理地利用規則，

引言：三十五歲，活著是一件非常複雜的事

在我們一生中，什麼階段最難、最複雜、最困惑？不是輕狂無畏的少年，也不是意氣風發的青年，更不是參透世事的老年，而是中年的開始——三十五歲。

三十五歲的困惑和迷茫，肯定不是因為我們一無所有，更不會因為我們一無是處，而是因為我們比上不足比下有餘的尷尬，有錢卻不富足，有職位卻不理想。我們討厭形同雞肋的當下，卻反復掂量，患得患失；渴望簡單的生活，卻捱不住遠離喧囂的寂寞。

三十五歲的我們，經歷十幾年的打拼，已經成為家庭的核心，公司的骨幹。重任在肩，名利難捨，導致我們既不能按角色做事，也不能按本色做人，這使我們的內心時常處於糾結而又矛盾的狀態，生活因此變得煩瑣而又複雜。

我們看見陰影，是因為背朝陽光。
只要我們轉過身，就能面向太陽。

交際圈子固化，事業逐漸停滯，生活陷入瓶頸，這對我們來說，是壞事，更是好事。

說它是壞事，是因為這樣會消磨我們的激情，耗費我們的心力，讓我們對一切均在意料之中的生活感到前所未有的倦怠。

說它是好事，是因為此刻我們有時間、有能力參悟物質社會，清理內心世界，從而追求真正的幸福和快樂，從而構建真實、踏實、忠實的生活。

中年之所以濃郁，是因為我們有所頓悟！

一

活著這件事，本來不複雜，只是因為我們從出生到入世之間，很多我們信任的人，給我們的活法附加了很多複雜的概念，因此，簡單的生活，就活生生地變得複雜了。

比如，我們的父母、老師、親戚或朋友，按照社會地位不同，把人分為尊卑貴賤，按照擁有物質的多少，分為窮富貧豪。他們一再對我們強調，散居在地表平面上的人群，其實是以無形的金字塔狀存在的。

富人、權要位居這個金字塔的頂端，過著窮奢極欲、紙醉金迷的生活；窮人、賤民掙扎在這個金字塔的底端，過著終日辛苦勞作卻只能活得不足養家糊口的蠅頭小利。

他們提醒我們，要想爬到這座金子塔的頂端，就必須做出改變，因為性格決定命運，心態決定命運，位置決定命運，成功難，不成功會更難……。總之，他們讓我們時刻充滿欲望，捨命追求。

因此，在我們不瞭解自己、不瞭解自己真實需要的時候，卻拼命地瞭解別人、瞭解別人的生活和需要，並以不向命運低頭的名義，或者證明給別人看的想法，力爭向上多爬幾階。

二

一個人來到這個物欲橫流的世界，也許是一個錯誤；兩個社會底層的人弱弱結合，把生活的困難疊加後，對於他們帶到這個世界的人來說，也許更是一個錯誤。

我們當中的很多人，就是這些錯誤的埋單者，同時也是製造者。

我們沒有一個理由來到這個世界上，卻有N條理由活下去。我們只知道為誰活著，卻不知道為什麼活著。為了那些期待的眼神，為了那些百無一用的鼓勵，我們自願選擇負重前行。因為我們相信，只要向上，就是向塔尖靠近。

三十五歲，人到中年，我們爬上幾階之後才發現，塔尖仍然遙不可及，而自己卻透支了精力和體力，還有心力。此刻，我們才意識到，在資源和資本的大戰中，人力，最無力。

作為生活戰士，傷痕累累的我們，身處戰車之上，面對不存在結束的戰鬥，不禁捫心自問：一個簡單的生活，為什麼在自己的腳下卻變成了戰場？

三

生活，本來是一個很簡單的概念，就是生下來，活下去。一個人即使不發生意外，一輩子也就是兩萬多天。不論我們千般珍惜，百般愛護，日子就在那裏，只會少，不會多。

我們自己或者別人，把簡單的生活加上幾個字，變成了生下來，舒舒服服地活下去，或者功成名就地活下去，或者欺名盜世地活下去……在活著前面加了N條定語後，活著這件事，想不複雜都難。

至於如何活著，原本是一個人的事，但是從出生那天起，一個人的活法，卻成為一家人、一個家族，甚至是一個集團的事。既然我們如何活著不再是自己一個人的事，那麼，我們自然而然地把活著視為高性能低用途的跑車。在路口林立、擁堵不堪的都市馬路上，性能再好的車，事實上僅僅是「秀」給別人看的對象。

事實上，我們每個人都在極力地把自己打造成高性能限量版的豪華跑車，目的不是為了自己趕路有多爽，而是為了路人那句充滿嫉妒的「靠」。

四

商品經濟社會的媒體，習慣把所有人活著的目標歸結於功名利祿，還不遺餘力地大肆宣揚，彷彿我們這輩子只有發財和出名兩件事可做、能做、必須做。整個社會，衡量一個人活著的價值，只有一把尺，一個標準。

一旦用一把尺衡量所有的人，活著對於出生在塔底下的大部分人來說，就是複雜而艱難的事。我們的視而不見擋不住它們的無孔不入。

在二十幾歲初入社會時，天真的我們意氣風發，豪情萬丈，覺得世界上只有自己不想做的事，沒有做不成的事。我們刺刀見紅般地在社會戰場上拼殺到三十五歲，才發現自己依然活得低三下四，不三不四，既沒有成為英雄，也沒有成為鬼雄。在我們尋求改變命運的過程中，已經被社會改變得血肉模糊，把自己變成連自己都討厭的人。

我們放棄了自己最初的理想，為滿足別人的需要，違背內心的真實不斷地調整、矯正自己，只為與別人發生的交換、交易進行得更順暢。毫無公平可言的交易和交換，把原本不善於核算成本的我們，逼成一個生活小販，無所不販賣，包括靈魂。

五

欲除煩惱先無我，各有因緣莫羨人。這句話我們寫在紙上，掛在牆上，一再提醒自己要隨緣隨意隨遇，凡事不可強求。

但是，我們生下來就掉入熟人社會裏，比較無時、無處不在。即使我們不想比，但是父母讓我們比，孩子老婆逼著我們比。儘管我們不是戰士，卻只有一條必須戰死的命。

既然不是仙，難免有雜念。我們總想成為熟人社會中更好的、更棒的人，所以我們天天絞盡腦汁，苦心經營。別人有的我們沒有，我們心存不甘。活著的目的變成了幾乎變態的攀比。

在社會金字塔上，我們吃力地爬上幾階後發現，越往上，比的不是能力而是能量，比的是經營而不是販賣。在那裏，我們以前所有的典當和販賣，都變得一無是處，一文不值。曾經自認為足夠努力的我們，此刻才意識到自己活得並不如蟻。

這時候，我們正好三十五歲。

六

三十五歲時，身心疲憊的我們，突然發現自己似乎什麼都不缺，似乎什麼都沒有。

此時，我們為什麼會有如此難以言狀的感覺？原因就是，我們認為財富等於財產，快樂就是快感，從而導致我們一直違心地與生活做了多筆失敗的交易。

我們一直認為自己無比正確，事實上卻一直在錯誤的時間與錯誤的人做著錯誤的事。我們在生活的舞臺上，演過多場看似精彩的戲，卻是別人精心編寫的劇本；我們扮演過很多看似重要的角色，卻不包括真實的自己。

歸根結底，我們僅僅是為了五斗稻糧，挖空心思地與並不熟悉的時代苦心相謀。

我們的三十五歲，有一種日子叫雞肋如是，有一種感覺叫有心力交瘁，有一種困惑叫左右為難，有一種行為叫隨波逐流，有一種結果叫激情殆盡。

為此，我們整天抱怨社會虧欠自己太多，遺憾的是，社會根本不知道我們是誰。

七

三十五歲的我們，之所以會時常感到心累、心無力，是因為我們經常把自己放在堅持和放棄之間，堅持卻看不到希望，放棄心有不甘。舉棋不定，患得患失。

三十五歲的我們，之所以會無比的煩惱，就是記憶太好，忘不掉過去，又不敢面對陌生。對熟悉的一切早生厭倦，又盤算著從頭再來的高昂成本，賭不起，輸不起。

三十五歲的我們，之所以時常感到鬱悶，只是計較太多。別人有的，我們沒有，我們不甘；我們有的，別人沒有，我們不安。惦記著別人，又怕別人惦記。

如此看來，活著這件事，因為我們的矛盾而變得異常複雜。如果我們簡單，一切都簡單；如果我們安好，便是晴天。

生活，是用來享受的，不是用來難受的。簡單、幸福、快樂的生活，並不需要摻雜各種概念，也不需要做出多麼了不起的成就。除了家人，這個世界上沒有人真正在乎我們是誰。

三十五歲，我們有資本選擇自己喜歡的工作，和自己喜歡的人在一起，過一份充實、簡單、愉悅的生活。

小結

因為經歷，所以懂得。

我們看見陰影，是因為背朝陽光。
只要我們轉過身，就能面向太陽。

每一個英雄頭頂耀眼光環掩蓋的，都是累累的傷疤。所謂混得好的，一定有不為人知的痛苦和所要付出的代價；所謂混得不好的，也有屬於自己的平靜和幸福。

得失孿生，榮辱俱在。怎麼混，怎麼活，就看我們怎麼選擇，怎麼看待。

有了種種生活經歷，我們才會接近生活的本相，找到活著的本真。活著這件事，在我們懂得選擇、學會放棄之後，變成一種簡單的理解、寬恕、接納，而不再是盲目的較量、攀比和證明。

生活並不複雜，只是因為我們欲望的疊加而變得面目全非。因為不懂，我們在生活的各個角落裏尋找或製造虛偽而短暫的快樂，進而迷失了真實的自我，導致我們越長大越孤單，越長大越不安。

這個社會，不是拳擊台，我們不要總是想著打倒誰，而是要找到適合自己的「度」。只有這樣，在充滿誘惑的時代，我們才不會輕易地被那些偽裝的嚮導把心帶走。

活著，不是為了較真，更不是為了較勁。無論我們身處金字塔的哪一階，能向上總是好的，但那不是活著的唯一目的。放棄別人活著的標準，活出屬於自己的概念，量力而行，自己感覺好，才是真正的好。

過了三十五歲，我們漸漸會明白，做成任何一件事情都不容易；漸漸明白每個人都有難言之處；漸漸學會換個角度看問題。因為我們懂得，所以珍惜，所以包容，所以安心與自己、與他人、與社會和睦相處，彼此善待。

張禮文

二〇一三年元月

我們看見陰影，是因為背朝陽光。
只要我們轉過身，就能面向太陽。

序：心若安好，便是晴天

能問出來的幸福是什麼樣的幸福？能說出來的幸福又是什麼樣的幸福？幸福不是銀行存摺，只要不取，存款就會存在。它是一種感覺，時刻都會發生變化。比如，上午我們中了五百萬大獎，肯定是幸福的。下午醫生通知我們，一周前健康檢查結果出來了，我們已是胃癌晚期。那麼，晚上的我們是幸福的還是悲慘的呢？

其實，能活著並自由，就是幸福，其他都是附屬品，可以有，也可以無。但是，我們似乎從來沒有珍惜過這種幸福，而是更注重那些可有可無的附屬品。似乎只有那些附屬品，才能證明我們活的品質，活的水準。

事實上，我們的出生只是一種意外，活著更是一種奇蹟。因為包括生命在內，我們時刻面臨著各種各樣的剝奪。天災人禍，一直在我們身邊的不遠處。活著，就是一件不可預期結果的事情。不論是王侯將相，還是草民百姓。

然而有人卻說，生容易，活容易，生活不容易。生活看上去很難，衣食住行與柴米油鹽醬醋茶，缺一不可，少一樣不行。我們必須與社會、與他人進行平等或者不平等的交易或者交換，才能活下去，才能活得像人。

看來，**活著確實是一件非常複雜的難事**。認真分析一下，這件看似簡單的事情之所以如此複雜，是因為在很早很早以前，一些別有用心之人，為了自己活得奢侈，活得奢華，為另一些人製造了貧富、貴賤的概念，從而讓製造概念之人的兒孫們繼續奢侈、繼續奢華。

數不勝數的御用「專家」，利用各種管道，透過各種媒體，以各種名義提醒我們應該怎樣活著，應該享受什麼樣的生活。只有那樣，我們才算是富足，才算尊貴。

有錢人都住交通便利的豪宅的概念，讓地產開發商發了財，並移民海外。

成功人士都應該開寶馬、坐賓士的概念，結果讓寶馬、賓士的進口車商賺得缽滿盆盈。

孩子不能輸在起跑線上的概念，讓根本不知道孩子的終點在哪裡的父母，為孩子就學而掏出上百萬的學費與補習費。

……

概念是一個能累死人、害死人的東西，也是把簡單變複雜、把真實變虛假的東西，導致我們似乎活著不是為了尋求幸福，而是為了實現那些概念，否則就是失敗。

不僅是專家，我們的父母和老師，均不厭其煩地向我們灌輸這樣的概念，並能隨時為我們提供「榜樣」和「參照物」，以致我們從懂事那天起，就成為追逐概念的「忠誠戰士」，成為活給別人看的「超級演員」。

在我們眼裏，活得好壞與否，似乎簡單得只有兩個標準——要麼有錢，要麼有權。退一步講，就是要比認識我們的人有錢，或者有權。

遺憾的是，隨著我們資本、資源的增長，社交圈子也隨之擴大，從而我們發現，總有一些人比我們有錢或者有權。於是，我們前面所有的努力，換來的不是成就感，而是挫敗感、失落感，根本沒有幸福、快樂可言。

我們真的窮困潦倒嗎？不是。我們真的一無是處嗎？也不是！

我們比幾年前的自己，毫不進步嗎？更不是！

為什麼我們卻越來越感覺自己無能、無用、無力呢？

原因就是，我們的價值取向時刻都被外界左右，衡量幸福的尺規年復一年地改變。我們的內心從未平靜祥和，一直隨別人的變化而變化。別人有，我們沒有，我們不平；我們有，別人沒有，我們不安。我們的生活中，到處都是別人的影子，卻沒有真實、真正的自己。

我們生活在科技大爆炸、各種資訊無孔不入的時代，這使我們能輕鬆獲得正面的或者負面的資訊。有些事，我們想規避都不可能。

網路與電腦的普及，使地球成為地球村，使來自各個地方、各個階層的人，像閑著無事的村民，蹲在村頭議論著國事家事天下事。我們不知道的，有人義務告知；我們不懂的，有人幫助分析；我們想忘記的，有人時刻提醒。我們也習慣了旁觀或圍觀。

我們從小就接受了排名、比較的教育，使我們看到任何事情，都會自覺或不自覺地與自己作比較。知道的事情多了，比較也多了，讓心理失衡的事情也就多了，抱怨、憤怒的事情都變多了。

這個社會，無論我們愛與不愛，恨與不恨，它就是那個樣子。每個人都有各種充分的理由維護自己的利益，或者侵害某些人的利益，並標榜自己是唯一的正確。

心懷貧富、貴賤觀念的人，不把自己當人看、不把別人當人看的正確，都是偽正確。我們、別人，首先應該是一個獨立的人，然後才是其他。

我們從來不缺乏「正確」，但似乎又從未「正確」過。我們習慣把簡單的事情搞複雜，習慣用一個麻煩解決另一個麻煩，習慣用各種人造的道具掩飾自己的虛偽。所以，無論我們多麼富有，也是貧窮；無論我們多麼彪悍，也是猥瑣。

我們抱怨社會存在這樣或那樣的不公，並為此吶喊。遺憾的是，社會根本不知道我們是誰。**沒有實力的憤怒是毫無意義的，沒有實際行動的抱怨是沒有任何價值的。**改變，先從自己做起。我們自己強大了，社會也就改變了。

強大，首先是內心的強大，否則就是徒增的虛膘。

內心強大的人，也是內心祥和、心如止水的人。他不會活在別人的目光裏，更不會活在別人的評價中。他知道自己要成為什麼樣的人，要過什麼樣的生活，不需要任何附屬品襯托的角色，不需要用任何有價物質的證明。

如果我們能讓自己活得簡單而自然，理性而不盲從，努力而不苛求，生活也就應了那句話——心若安好，便是晴天。

我們看見陰影，是因為背朝陽光。
只要我們轉過身，就能面向太陽。

目錄

第二章：假設我們活得特別累

第三章：假設我們覺得自己很失敗

我們看見陰影，是因為背朝陽光。
只要我們轉過身，就能面向太陽。

第四章：假設我們感覺心無力

我們看見陰影，是因為背朝陽光。
只要我們轉過身，就能面向太陽。

我們看見陰影，是因為背朝陽光。只要我們轉過身，就能面向太陽。

第一章：與其站著圍觀，不如坐下思考

我們看見陰影，是因為背朝陽光。
只要我們轉過身，就能面向太陽。

這是贏在轉捩點的時代

一個人的一生中，有兩個點非常重要：一是起點，二是轉捩點。

如果我們因為投胎的錯誤輸在起點，因為自身的怠惰輸在轉捩點，那麼，我們的一生就註定要平凡甚至平庸。儘管每個人的起點都不是自己選擇的，卻決定了二十年內我們與他人之間存在著天塹般差距。

有人說，現在就是一個「靠爹」的時代。一個人的本事比天大比地大，都不如有個好爸爸。有好爸，得天下。看上去確實如此。草根的孩子苦苦奮鬥十年，也未必能賺夠「×二代」某年年底的壓歲錢。

假如我們在人生的起點，擁有一個超級有力的爸爸，小時候就不會遭遇別人的歧視，就能接受世界上最好的教育，就能輕鬆找到前途無量的工作，創業資源用之不竭。我們既不會為生存忍辱負重，也不會為五斗稻糧放棄追求。只要我們想做事，能做事，就沒有做不成的事。因為不但有人把我們扶上馬，還能送幾程。

我們之所以痛恨「靠爹」的人，是因為我們無爹可靠。我們為此憤憤不平，動輒在網上洋洋萬言歷數「靠爹」之醜陋，在部落格上絞盡腦汁編排段子控訴「靠爹」之不公，以博取千人同情，萬人呼應。

我們這樣做，僅僅是逞一時口舌之快，結果能改變什麼呢？估計除了使更多的人憤怒、鬱悶之外，什麼都改變不了。**很多時候，很多事情，都是在乎的不明白，明白的不在乎。**

我們之所以輸在起點上，是因為我們的父母欠了時代的債。他們總是在錯誤的時間做錯誤的選擇，讀書時沒有好好讀書，努力改變自己和家人命運的時候，因為懶惰而怠惰，選擇了隨波逐流，從而導致我們不得不付出高昂的代價償還這種社會高利貸。

輸在起點，並不算輸，因為我們的人生還有轉捩點。細數當代眾多的名人、明星和富翁，哪一個不是苦苦經營數年，最後在人生轉捩點上抓住機遇，進而一舉成功、成名的？

贏在轉捩點，不一定非得出大名、發大財或當大官。只要是透過正當的管道和手段，實現自己切實可行的目標，就是成功。譬如，到城市工作的人，在城裏擁有一套屬於自己的獨立房子，讓家人過上穩定的生活，對他來說就是一種成功。

成功，是一個無法用資料考量的概念。與自己作縱向比較有所進步，就是在接近成功，或者已經成功。成功不能作橫向比較。**任何人，只要作橫向比較，可能都是失敗的。因為天外有天，人外有人。每個人的資源、資本、資質、能力與能量都不一樣，沒有可比性。**

欲除煩惱先無我，各有因緣莫羨人。在這個資訊異常發達的時代，我們時刻飽受各種資訊的干擾和影響，並左右著我們對社會、對時代、對自己的判斷，從而導致自己心浮氣躁、戾氣、怨氣滋生，似乎我們有無數個理由接受貧窮或失敗。

只要我們貧窮或失敗，即使貧窮或失敗得理直氣壯、心安理得，直接受其貽害的，依然是我們至親至近的人，除了父母和兒女，沒有人為我們的貧窮和失敗埋單。因此，我們成功難，不成功會更難。

輸在起點上的我們，一定下決心改變自己，在人生的轉捩點上翻身，盡可能讓自己和家人在社會階梯中上拔上好幾階。

這個社會看上去似乎已經固化、定型，其實只是在某些板塊、某些行業如此，如礦山、地產等近似壟斷的行業；好多領域還是有很大空間的，如服務延伸與升級、新興產業等行業。

三百六十行，行行出狀元。人無定勢，水無常形。只要我們懷有改變家人生活狀況的強烈願望，對生活充滿激情，主動調整自己努力的方向，為實現可行性目標積極奮鬥，就一定能等來命運的轉捩點，也會贏在這個轉捩點。

社會的需要是不斷變化的。每一次變化，都會出現大量的商機，都是一批人命運的轉捩點。比如，個人電腦的普及，使比爾・蓋茲成為當時的世界首富；手機時尚化、娛樂化、智能化的需求，使蘋果手機一統天下；城市的無限擴展，交通擁堵，生活節奏變快，催生了電子商務，導致淘寶網上商賈雲集。

我們應該慶幸自己生長在不斷變化的時代。在這些變化過程中，很多機會是不需要任何資質和條件的，這就給處於草根階層的我們，提供了廣闊的空間。只要我們善於觀察、發現和總結，準確預見，並為之做好充分的準備，肯定會把握住一個或者多個機會，從而書寫自己的人生奇蹟。

天生我材必有用。任何人都能成為社會的需要，只要他願意。遺憾的是，我們在否定教育中長大，既見不得別人成材，還把自己當作劈柴。

我們把自己當人看、當人才看，是應該的，也是必要的。

只有這樣，已經輸在起點上的我們，才不會輕易放棄自己的追求。我們不能在直中取，還可以在曲中求，進而贏在轉捩點。

同樣一件事，或者一個東西，不同人就會有不同的理解和預見。決定我們前途的，不是**我們現在站在哪裡，而是我們面向何方，看到多遠，想到多少，做到多少。**

這個世界，沒有我們想像的那樣好，也沒有個別現象證明的那麼壞。在我們自身能力有限或者受限的情況下，我們能做的，就是讀懂世界、瞭解世人的真實需要，才能贏在轉捩點。記住，是人選擇了命，不是命選擇了人。命，就是用來改變的，也是在轉捩點上改變的。在層出不窮的人生轉捩點上，如果我們不積極主動地採取實質性的行動，憤怒和抱怨的功能，也就只剩下傷身傷神。

讀懂這個社會

儘管我們一直生活在社會裏，卻不一定明白這是怎樣的社會，因為普通人根本無法看清社會的真相。它就像口蜜腹劍、當面做人、背後做鬼的朋友，雖然與我們朝夕相處，也不知道他真正想要做什麼。

交友不慎，終歸受其所累，受騙；不懂社會，必然處處受制，生存艱難，發展無望。

父母為了改變我們的命運，不再重複他們的生活，幾乎傾家蕩產，含辛茹苦供我們讀完大學，工作後的薪水遠不及一個木匠、水泥匠。以前是書中自有黃金屋，現在是書中都是吞錢獸。

這個社會怎麼了？我們讀不懂、看不透。不是我們不明白，而是社會變化快。

人最無奈的，是直接決定命運的一些東西無法選擇，譬如國家、社會和父母。如果父母無能，我們十幾年甚至一輩子都要為此埋單；一個社會，如果我們不能爬到金字塔的頂端，我們就是社會大潮中的小蝦米，鑄就隨時成為他人的腹中之食。

作為國家的一個公民，社會的一分子，如果我們不懂這個國家，不懂這個社會，不懂置身所在的時代，作為其中的蝦米，就會被大浪拍死在沙灘上，就會被時代大潮中的鯨魚吞噬。生得渺小，活得艱辛，死得窩囊。

身為一介草民，我們活在社會底層，唯一的目的就是做自己想做的事，愛自己該愛的人，使家人生活好，或者更好一點，讓父母老有所依，讓孩子幼有所靠。

十幾歲之前，我們一直以為考上名校就會有好的生活；二十幾歲，我們實際接觸社會，發現畢業就等於失業。

這是為什麼呢？**因為我們接受的教育，三分之一是謊言，三分之一欺騙，三分之一是過濾後的事實。**在學校裏，我們成為獨家客戶訂做的工具，程式化、機械化地大量生產。遺憾的是，客戶滿意並需要的工具並不多，選走了符合他們需要的，餘下的推向社會，任我們自生自滅。

習慣依靠、安排的我們，突然發現，除了自己，沒有人能真正地為我們的後半生負責。能否有錢賺，能否有飯吃，能否有房住，幾乎沒人過問。我們見到的是，摩肩接踵的人才市場、刻薄傲慢的老闆、學無所用的現狀、不知道想幹什麼能幹什麼的自己。

這就是因為以前我們不懂社會，只會模仿身邊的人，按部就班地設計了自己的生活方式，耗費了巨大的金錢和時間，培養出一個幾乎一無是處的自己。

社會上的所有競爭，不再是能力與本事的競爭，而是資源和資本的競爭。我們不是戰士，卻不得不進行戰鬥。在戰鬥已經打響之時，在槍林彈雨中，我們才想起把手裏的生鐵塊鍛造成武器。在這場無級別的較量中，我們不得不去閱讀從來曾經從不關心的社會和時代。

我們從小就被諄諄教誨，這個國家和社會，屬於他們的，也屬於我們的，最終還是屬於我們的，僅僅所在位置和所扮角色不一樣，都是為人民服務的。

幾番折騰下來才發現，我們從來就沒有被當作一個完整的人看待，父母沒有，父母官也沒有。在他們眼裏，我們只是做他們的夢、實現他們的理想的民——臣民、賤民或草民。他們這樣看的理由是，一切都是為了我們好。事實上，我們過得不但不好，而且很糟糕。

在這種情況下，我們只有兩種選擇：一、想盡一切辦法，到自認為理想的地方去生活，成為這個國家和社會的看客；二、讀懂、接受並適應這個社會，把自己和家人照顧好，然後盡自己綿薄之力，幫助那些尚且不如自己的人。

我們大部分人屬於後者，無法離開，到萬里之外。既然無力改變，那就適應。在這場沒有裁判、沒有規則的馬拉松比賽中，抱怨無用，牢騷無用，只能想盡一切辦法向前跑。儘管與冠軍無緣，也要跑出一個好名次。不為別的，只為了身邊那些至愛的人。

生活，絕對不允許我們一直做生活遊戲的菜鳥。如果我們成為生活遊戲的高手自然可喜可賀，但一關未通雖不正常，也不要怨天尤人，還得繼續翻閱社會和時代這本書。即使不能創作，也要必須讀懂。

讀懂社會的最大好處，能使自己坦然地忽略自己在乎不起的東西，淡然地接受別人的強加和負重，學會如何以最小的代價保護自己和家人。

當然，這個社會很複雜，不是一般人能讀懂的。大街上用金錢把自己武裝到牙齒的帥哥美女，或者懷揣各種證書的學士、碩士，他們儘管是社會中的一員，未必關心其所在的社會。也許他們會說，我讀懂，社會是那樣，我讀不懂，社會還是那樣。既然無法改變，關心就是自找麻煩，關注就是自尋煩惱。

我們看見陰影，是因為背朝陽光。只要我們轉過身，就能面向太陽。慶幸我們生活在經濟高速發展的時代，只要我們有能力，都能過上衣食無憂的生活，除非我們選擇了錯誤的生存方式。

社會暴露出種種問題，說明社會在進步。一些問題我們能知道，說明還不是一個完全封閉的社會。一個人成長到成熟要走很多彎路，一個社會徹底完善，也不是一代人兩代人的事。

不論這個社會怎麼不盡如人意，但她畢竟是我們生活的社會。富則達濟天下，窮則獨善其身。我們自身能力有限，力爭不要成為社會的負累。

讀懂社會，就像我們賽前熟悉生活馬拉松的賽道。這條賽道太長，一眼看不到邊，路邊既沒有標識，也沒有提示，我們略有疏忽，就會在錯誤的道路上越跑越遠。錯誤的道路，不僅使我們遠離終點，而且處處佈滿別人埋下的地雷。如果我們賽前不熟悉賽道，走錯路便在所難免。

生活這場無規則遊戲，我們玩不起也得玩，否則就被玩。至於最後能不能通關，現在不用想，想也沒用，能過幾關是幾關。我們只有在玩的過程中，讀懂規則，巧妙而合理地利用規則，透過實戰使自己逐漸變得強大。有一點我們要相信，過一關我們就能強大一點兒。

只有充分理解社會遊戲規則，我們才會把人生的遊戲玩得更精彩。

那邊的社會再精彩，也是那邊的，我們在這邊。我們可以羨慕嫉妒恨，但絕對不能因為尋死覓活。意識到這一點非常重要，否則便是累人累己。改變一切不如意，都是從接受開始。弱者的抱怨，只能換來弱者的同情，但無濟於事。適者才能強大，強大才能改變。

活得好的人，就是不犯錯誤少走彎路的人。

成功，有時候就是看誰的非壓迫性失誤少。

接受自己所在的時代

接受自己所在的時代，似乎不是話題的話題，值得放在這裏探討嗎？當然值得。

這個時代，與我們的父母相似，無論好與不好，我們都無權選擇，必須與她共處。儘管她可以齷齪得肆無忌憚，卑鄙得沒有底線。

這是屬於某些人的時代，也是屬於我們的時代，最終還是屬於某些人的時代。在這個時代，我們雖是扮演跑龍套的角色，卻不得不為某些人故意製造的麻煩埋單。

因此，很多年輕人憤怒地抱怨自己生在沒有任何遊戲規則的時代。抱怨，就意味著他們已經對這個時代感到不滿、厭倦或者憎恨，當然也就無法談到接受並關愛這個時代了。

我們之所以厭倦這個時代，是因為感覺它不公平。在這個時代，某些人利用手中的權力和資源，製造了各種各樣的圈子，在圈子裏製造了各種無恥的規則，把簡單的事情複雜化，把卑鄙的行為公開化，把醜惡的事情陽光化。總之，他們越來越不像話。

這讓對未來充滿憧憬的我們迷惑不解、痛苦萬分。對這個時代已經發生、即將發生、必然發生的一切，我們看不懂，讀不透，曾經篤信不疑的東西，似乎全被否定。我們花大把金錢、時間和精力研讀的專業知識，到頭來幾乎百無一用。花幾麻袋錢去讀書，畢業後賣掉那些書，卻買不來幾條麻袋。

在這個時代，我們步入社會後就會發現，社會中早已經畫好了一個個圈子，每個圈子都是壁壘森嚴。我們想成為圈子裏的成員，好難好難，特別是擁有巨大利益的圈子。

儘管這樣，我們也不能恨這個時代，原因有三，也很簡單：一、我們不可能穿越到另一個時代；二、這是屬於我們的時代，就像我們的家庭一樣，即使不愛，也別無選擇；三、我們恨，她那樣，不恨，她也那樣。

接受一個時代，必須弄清楚這個時代的特點。那麼，屬於黑眼睛、黃皮膚的炎黃子孫二十一世紀，這個時代的特點是什麼呢？

特點之一：曾經代表我們摸石頭過河的那群人，下河之後，摸到的不是石頭，而是鑽石，

於是他們在河裏迷戀上互摸與自摸，忘記了過河的任務和想期待彼岸風景的我們。

特點之二：這個世界呈現出前所未有的平面化和一體化，地域、國界、種族、民族的界線都在淡化。隨著人口的增多，知識更新速度加快，科技迅速發展，個人接受教育程度加深，消費者對服務品質要求越來越高，進而導致這個時代在一定區域內的競爭空前慘烈。

只要我們步入社會，就會強烈地感覺到，這個時代是一個充滿競爭的時代，每個角落都在競爭，每個人都和我們競爭，而且還是不同級別的對手。我們不得不被動地面對在實力、財力、勢力遠遠高於我們幾倍幾十倍的對手。

這個世界雖然是平的，卻是不公平的。任何競爭，看似平等，其實都是在不平等的情況下進行的。因為競爭的是合力，不是體力和智力。

同一所大學畢業、擁有同等學歷的甲和乙，甲的父母是跨國企業公司的總經理，乙的父母是貧困地區的農民。假如他們在一個城市發展，誰的成功會來得更早一些呢？

別以為富家孩子都是紈絝子弟，成功的父母更知道如何科學、立體地培養孩子的競爭力。窮人家的孩子在人格、性格、心理上存在的缺欠比比皆是。

甲，在城市裏衣食無憂，有父母提供的財力支援，有父母承建的雄厚人脈關係可以利用，進可以創業，退可以到大公司上班。只要他有理想有抱負，一切問題在他面前都不是問題，他的飛黃騰達來得會很快很早。

乙，在城市裏除了一張證明自己受過高等教育的文憑之外什麼都沒有，一切都要從零開始。工作賺來的血汗錢，既要支付高昂的城市生活成本，還要補貼貧困的父母。人脈存摺從零開始積蓄，資本要靠時間去累積。他如此奮鬥十年後，也未必能獲得甲畢業時的社會資源和財力。

種種不爭的事實讓我們意識到，社會財富永遠掌控在幾大家族手裏。他們依靠財富的力量，隨心所欲地制定各種遊戲規則。我們在這個時代追求財富，在他們看來，就猶如螞蟻搬運食物一樣。他們自然可以像對待螞蟻一樣對待我們。

如果把時代比作棋盤，我們大多數人都是這個棋盤上的棋子，總是被有形或者無形的手掌控著。下棋的人把我們擺在什麼位置，我們就有什麼力量或者什麼下場。

所以，我們從貧窮到富有、從弱小到強大，絕對是在夾縫中求發展的過程。我們就像一粒樹種，要想長成一棵參天大樹，就必須經歷一次次乾旱、狂風、冰雹、蟲噬、刀削、斧伐等災難。任何一次災難都沒有預知，都沒有為什麼。

萬能的上蒼，之所以在這個時代把善良、正直的我們派到這個社會上來，就是因為社會還不夠完美，時代尚需進步。我們要想成就自己的夢想，就必須接受種種不公平的同時，擔負起屬於自己的社會責任，逐步使其完善。能力越大，我們擔負的社會責任也越大。

不論強弱或窮富，我們都是這個時代中的一員，都承擔著時代賦予的使命。我們在接受自己所在時代的同時，先完善、壯大自己，再去改變這個時代，並在此過程中，使自己獲得成功。惟有我們在某一點上成功，才會具有某方面的話語權，才會擁有改變自己和時代的力量。

人是時代和社會的產物。我們成功與否，和我們認識、接受、適應這個時代和社會的程度息息相關，同時又受時代和規則的制約，反過來我們的行為又影響著時代和規則。

認識到這一點，對於處於社會底層的我們至關重要。此時，我們要把成敗得失看得淡一些，把暫時的不公平忽略不計。看淡，並不意味著作為弱者的我們已經認命，而是要明白，

我們看見陰影，是因為背朝陽光。
只要我們轉過身，就能面向太陽。

在這個時代，一切靠命運安排和一切靠自己埋頭苦幹，都是不切合實際的。**生活，就是安全的生下來，好好的活下去**。辛辛苦苦已度過半生，今夜重又走入風雨，我們不能隨波浮沉，為了我們致愛的親人。再苦再難也要堅強，只為那些期待眼神。

因為我們生活在社會底層，所以才頑強地向上；因為不願看到兒女複製我們的命運，所以才不放棄拼搏。在拼搏過程中，要想逾越那些看得見與看不見的障礙，我們必然會面臨很多挫折、困難和失敗。我們不要把失敗和挫折當作是一種懲罰，而要把它當作是很好的學習機會。

我們有失敗，是因為想成功；我們有痛苦，是因為要成長。

因此，我們不但要接受這個時代，還得去愛上它們，進而去改變它們。

我們必須殘忍，才能善良

古人有云：勿以惡小而為之，勿以善小而不為。因此，身為弱勢的我們，經常會被社會上所謂的「清流」之士綁在道德的十字架上。事實上，任何人任何事，都應該量入為出、量力而行，否則就是違背人性的「偽善」，不但誤人，而且害己。

外國人以個體的方式存在，中國人以家庭或家族的方式存在，這就決定中國人比外國人活得累。國外人像一個自己吃飽全家不餓的光棍，可以以自己喜歡的方式生活，而中國必須以家庭或家族的方式存在。我們活著，絕對不是為自己活著，所以，我們很難做真實的自己，以自己喜歡的方式活著。

我們記憶中最深刻的兩條成語，恐怕就是「光宗耀祖」和「眾叛親離」。我們一方面要想盡一切辦法，成為家庭、家族的驕傲；一方面做最大的犧牲扮演家庭、家族需要的角色。

正因為如此，我們從出生那天起，我們就被父母教育，一定要做一個聽話、懂事、爭氣、別人喜歡的乖孩子；上學後，老師一再向我們灌輸，一定要做愛國家、愛人民、愛別人、被別人愛的人。

這種為別人犧牲、為別人服務的教育，充滿我們人生最初的二十年。在我們價值觀尚未形成的二十年中，無私會感化一切、改變一切的觀念，悄無聲息地被植入骨髓。

一直有人向我們強調：真愛不需要回報，需要回報的不是真愛。所以，我們對愛自己的人，或者被自己愛的人，或者與自己無關的人，常常不假思索地慷慨解囊，無私奉獻——奉獻自己的時間、精力、同情、尊敬和物質財富。

我們用巨大的犧牲和付出，向未必真正關心我們的人去證明，自己是一個博愛、仗義、寬容、大度之人。有時候，我們就像上帝一樣，用不需任何補償的付出，換取別人嘴裏「好人」「善人」的稱謂。因此，別人敬我們一尺，我們敬別人一丈；別人需要三分，我們贈送七分。總之，我們習慣給別人製造驚喜。

但是，在這個過程中，我們忽略了一件事情——別人的利用。不是所有的人，都知道感恩和感激。我們的無償付出，會使這樣的人更加無恥和貪婪，對我們的幫助習以為常、心安理得。

他們用行動提醒我們，無條件的愛、不需要回報的付出、過分慷慨的人，並不是他們眼裏的好人或者善人，而是傻子或者弱智。對他們來說，似乎他們有多大的欲望、多大的需要，我們就應該給予多少。

從他們接受我們的愛、幫助或者財富時的眼神裏，就可以看出，我們這樣做，是應該的、必須的、義務的，不做才是不對的。那不是我們在援助他們，而是他們在接受早就應該償還的債務。我們的無私與坦誠，使我們的弱點赤裸裸地暴露在他們面前。他們自覺不自覺地利用這些弱點，使他們不勞而獲，坐享其成，不作任何考慮地揮霍。

我們堅持做一個好人並沒有錯，但是我們必須懂得，善行的節制是非常必要的，並且在行動中，一定要抑制自己的同情心和包容度。同情心、包容度應該有，但不加抑制，就是一種弱智般的縱容。

不要簡單地為了別人眼裏的自己、評論中的形象，按著別人的需要盲目地證明自己能為

我們看見陰影，是因為背朝陽光。
只要我們轉過身，就能面向太陽。

別人做多少好事，能包容別人做毫不節制的壞事。為了能做到真正的與人為善，我們必須抑制自己過分行善的欲望。這是必須的，也是必要的。

這就像優秀的父母，不會過度嬌縱和溺愛孩子；賢良的妻子，會嚴格要求丈夫履行他的責任和義務；真正的摯友，會隨時指出你的缺點和不足。

這不是殘忍，而是善良！

步入社會的我們，凡事應該縝密思考，殘忍和善良之間的關係、別人需要和自己需要的關係，從而有的放矢，正確的做一個輕鬆的善良人。

每個人都是按自己的需要出牌

二〇一二年即將過去，這一年，發生了很多令人匪夷所思的事，因為與我們同處一張牌桌上的人，都不再按既定遊戲規則出牌了。沒錢的養豬，有錢的養狗；沒錢的想結婚，有錢的想離婚；沒錢的老婆兼秘書，有錢的秘書兼老婆；沒錢的假裝有錢，有錢的假裝沒錢。每個人都不說實話。說股票是毒品都在玩，說金錢是罪惡都在撈，說美女是禍水都想要，說高處不勝寒都在爬，說煙酒傷身體就不戒，說天堂最好都不去。這是為什麼呢？我們都習慣問為什麼。已經發生的事情提醒我們，很多問題的背後，根本找不到真正與其對應的答案。

我們都玩過麻將。在玩麻將的過程中，桌前的四個人都會以自己手中現有的牌為基礎，設計打牌的思路，不但在欺騙上家、卡著下家、盯著對面的同時，還要根據自己所抓的牌隨時做出調整，目的只有一個，盡可能第一個胡牌，贏更多的錢。

也有人不這樣打麻將的。別人需要什麼牌，他就打出什麼牌，盡可能讓別人胡牌，從他們手裏贏走更過的錢。這種「經常點炮，故意輸錢」的玩法，俗稱打業務麻將，更是按照他們的需要出牌的。他們目的不在牌內，而在局外。

在社會上行走，類似打牌。每個人手裏都有獨屬於自己的牌，不玩不行，玩不好也不行。至於如何才是正確的抓牌、出牌，往往是根據自己的需要。

需要，在某些時候的作用，能超乎我們的想像。

每個人都有自己的需要，也都時刻想辦法盡可能的滿足自己的需要。

請不要拿道德說事。不涉及實際利益、不親自辦實事的人都有至高無上的標準，譬如電視台的那些名嘴們，都在無休止地標榜自己的正確。如果世界上有那麼多人正確，確實是一件很危險的事情。

暫時放下那些名嘴們不提，史上那些時刻把「忠孝禮義仁智信」掛在嘴皮上飽學之士，在面對生死抉擇時，也依然會根據自己的需要出牌。

西元一六四四年四月，李自成把明朝帝都北京變成史上巨大的麻將桌。曾經在老百姓面前作威作福、在皇帝朱由檢面前滿口忠義道德的官員大佬們，不得不坐在這張麻將桌前。

作為體制內的人，這群牌友飽受儒家教育、受皇恩、食君祿的文化人，按照老師多年的教誨，忠臣不侍二主的人生信念，應該與皇帝朱由檢同進退；明政府幫助他們實現光宗耀祖、使他們依靠政府賦予的合理傷害權大發橫財，名利雙收，按照權利義務對等的原則，他們應該與明政府共存亡。道理歸道理，原則歸原則。作為這張特殊麻將桌前的牌友們，如何打好自己手裏的十六張牌，只與他們的真實需要有關。

確實有四十多名官員選擇了與大明王朝共存亡。譬如工部尚書、東閣大學士的帝國高級官員范景文；禮部尚書倪元璐；右副都御史施邦耀等。

不過仔細分析，這些以身殉國的官僚中，具有以下特點：一、南方人比較多，有四分之三來自長江流域。在城破之前，他們當中的大部分人力主遷都南京，因為他們在老家擁有大量土地和財產；二、入職比較早，職位比較高，年紀比較大，受皇恩比較重。

這些人在官場沉浮多年，可以說該擁有的都擁有過，該體驗的也都體驗過，年近古稀，金錢美女在他們眼裏，已經是帶不走的浮雲。因此，他們要打忠義牌，給後人留下自己的忠烈牌坊。讓人最感動的，應該是右副都御史施邦耀。城破之後，他解帶自縊，卻被家人救下。甦醒後，他又服下砒霜而死。

那些奮鬥多年仕途剛剛開始、或者掌握權柄不久的人，並不想為大明王朝殉葬。他們視自己為高級礦工，在乎的是自己能挖到什麼，而不在乎在什麼地方挖。

以這種心態打牌的人，當屬兵部職方司主事秦汧、翰林院學士趙玉森、禮部主事張琦和禮部侍郎王孫蕙等人。

在北京城破的三天前，王孫蕙還一把鼻涕一把眼淚的向皇帝朱由檢保證，李自成一旦殺入北京，他一定會選擇以身殉國，寧為玉碎，不為瓦全。他的態度，讓朱由檢很感動。

當大順軍隊攻入北京城，明政府大小官員失去權杖時，王孫蕙在家裏審視著自己手裏的一把爛牌。母親的哭聲，老婆的叫聲，孩子的鬧聲，使他決定事先擬定的出牌計畫。

王孫蕙告訴家人不用擔心，自己手裏的牌雖然是死的，但遊戲規則是活的，能不能贏，不在於手裏有什麼牌，而在於按什麼規則去玩。

他找來一張寬幅黃布，在上面寫下「大順永昌皇帝萬萬歲」，用竹竿挑起，掛在家門外。

李自成進城時，他和秦汧、趙玉森、張琦三人在城門口站成一行，準備迎接新君。當大順軍隊從他們身邊經過時，他們謙卑地鞠躬行禮，表示甘願為新主子效犬馬之勞。

光表態不行，還要有具體行動。王孫蕙聽說大順政府準備甄別、輯錄明政府的舊官員，這對他來說，絕對是混入大順政府礦坑裏挖鑽石的好機會。他還打聽到具體負責審核的官員名叫宋企郊，是趙玉森的舊交，就對趙玉森說：「現在是大順開國之初，我們必須占得先機，才能獲得理想的位置。」

趙玉森帶著王孫蕙、秦汧去見宋企郊。三人走進衙門口後，誰也沒想到，王孫蕙突然從口袋裏掏出一張紙並將其舉過頭頂，上面寫著：臣王孫蕙進表。

王孫蕙把「進表」二字頂在頭上，就是明確表示他甘心無條件為新政權服務。宋企郊對這種牌友給出這樣的評價：字，寫得不錯！

王孫蕙被宋企郊安排到吏部任監察之職後，他為了讓自己手中的牌更硬一些，利用職權，把和他關係不錯的七個老鄉，安排到地方做長官。他的這種行為引起宋企郊強烈不滿，暗地裏對他進行嚴厲斥責。

此時，王孫蕙已經明白，他一直被大順政府監視中使用、在使用中監視，那些人隨時都可能找個理由砍掉他的腦袋。於是，他不再考慮宋企郊的輯錄之恩，利用離京辦事的機會，帶著李自成的權杖，安全通過各道關卡，逃出大順政權的勢力範圍。此後，他燒了隨身攜帶的大順政府的介紹信，繼續南下，但是最後卻被土匪殺掉了。

最讓人無法接受的是，大學士魏藻德、朱由檢親點的殿試一甲狀元周鐘、一甲探花陳名夏也都相繼投靠李自成。

假如明朝崇禎皇帝朱由檢沒有死，面對此情此景，他應該說些什麼呢？其實，他沒有任何理由抱怨。在這個時候，每個人都有權利按照自己的需要出牌。

我們在各種文化背景的公司中行走，混跡於公司的底層或中層。公司的制度有可能是宣導能者上庸者下，多勞多得、不勞不得；也有可能變相鼓勵能幹的不如不幹的、不幹的不如搗亂的。我們面對的老闆和同事，有可能英明民主的，也有可能卑鄙齷齪的。拿腦力或體力換取的收入，可能是我們滿意的或者是不滿意的。

我們隨時都會遇到豬一樣的老闆，狗一樣的同事。這些與我們朝夕相處之人，不是我們能選擇和決定的。面對這些人，我們唯一能做的就是淡定，可以與之相處，但不能受其影響，更不能奢求他們能按照我們的需要出牌。

在同一時刻的同一件事情上，在不同位置上的不同身份的人，都會有不同的著眼點和出發點，也會有不同的利益訴求，因此就會有不用的言行和態度。

我們習慣性地認為，你是什麼樣的人，就應該做什麼樣的事；你是我的什麼人，就應該為我們負什麼樣的責任。如果我們一相情願地這樣想，就得一相情願地活的，自己累，別人也跟著累。在巨大的生存壓力下，或者在欲壑難填的人面前，在遊戲規則可以隨意改寫的情況下，他們做出任何選擇都不要驚訝，因為他們只按照他們的需要出牌。那些牌，可能在情理之中，也可能在我們的意料之外。

除了父母，沒有人有考慮我們冷暖饑寒的義務。有人考慮，是我們的人情；沒人考慮，是他們的本分。

在乎不起的事，就不要在乎，這叫淡定，淡定的人生不寂寞。

躲不開的人，就及時將其忽略，這叫歸零。及時歸零，是最安全的生活模式。

我們看見陰影，是因為背朝陽光。
只要我們轉過身，就能面向太陽。

別人能做的，我們未必能做

有一隻小蒼蠅，化蛹成蠅後，便生活在城市的垃圾場，每日以廚餘垃圾為食，以蚊蛆為伍。

它一直認為自己的生活很好，自由自在地生活在城市裏，隨心所欲地與同伴嬉戲玩耍，無主管約束，無工作負累，餓了即食，睏了便睡。只要它想，既能飛入高檔別墅小憩幾日，也能與名人明星同榻而眠。

如此神仙般的日子，自從小蒼蠅看到《明星動物傳記》之後，便戛然而止。蒼蠅數目不可謂不多，生命能力不可謂不強，繁衍歷史不可謂不長，該書卻隻字未提。最讓它感到鬱悶的是，該書卻用大量的文字和圖片，歌頌與它體型差不多的蜜蜂。

後來蒼蠅查閱了大量關於蜜蜂和蒼蠅的報導，幾乎所有的生靈都對蜜蜂大加讚賞，而對蒼蠅卻鄙夷憎恨，甚至還採取各種措施要將其徹底消滅。

蒼蠅跟蹤蜜蜂一段時間後，它發現蜜蜂的工作崗位是在百花叢中，勞動報酬是甘甜的花粉和蜂蜜，都比自己強出百倍。

從此，蒼蠅開始質疑自己的生活方式，否定自己存在的價值，感歎自己生而為蠅的命運。於是，它找到造物主，請求他把自己變成一隻蜜蜂。

造物主見這隻蒼蠅有如此上進心，對美好生活如此渴望，非常支持它的選擇，略施法術，把它變成了一隻工蜂，並把它安排到一個養蜂人家。

它來沒來得及參觀蜂房，蜂王便吩咐它出去採花粉。蜂房附近的花粉已經被採光，它不得不到很遠的地方去採。它好不容易採集到一囊花粉，送回蜂房。它剛想躺下喘口氣，卻又被蜂王轟出來，跌跌撞撞地去採集下一囊花粉。

現在它才知道，蜜蜂每釀造一滴蜜，要採集十萬朵花的花粉；釀造一公斤蜂蜜，要飛行四十五萬公里，相當於十一條赤道的長度。

如此辛苦地從事單調乏味的採粉、釀蜜工作也就算了，它還要負責築巢、飼餵幼蟲、清潔環境、保衛蜂群。每天早出晚歸，累得半死，卻只能得到一點點食物。很多同伴因為一年三季得不到休息，整日疲憊不堪，均出現早衰和過勞死的現象。

我們看見陰影，是因為背朝陽光。
只要我們轉過身，就能面向太陽。

最讓它感到不公平的是，那些未能蜂后交配的雄蜂，好吃懶做，不但不去採蜜，而且還貪婪地吸食蜂蜜。

最讓它接受不了的是，以前一起工作的夥伴一旦分居，便將對方視為異己，常因食源短缺而你爭我奪，戰事迭起，弄得兩敗俱傷。

它現在非常懷念自己做蒼蠅的日子。那時，雖然地位卑微，生活條件差，無名無分，畢竟還有自由，可以隨心所欲地享受著生活。自從它成為人人讚美的蜜蜂，工作卻成為它生活唯一的內容，勞累成為它對生活的唯一感受。

我們從小接受「世界上最沒有卑鄙的職業，只有最卑鄙的人。我們做一行愛一行」的教育，也希望自己能從一而終。事實上，我們往往是幹一行恨一行，認為自己從事工作是非人類能做的。

我們找工作，往往希望自己的工作是這樣的：感覺好、收入高、福利多、難度低、環境優、社會地位高，最好是躺著就能把錢賺了。

事實上，別說躺著把錢賺了，就算我們跪著，錢也不會輕易地落入我們的口袋。

被人認為世上最理想的職業——在某國當官，也沒有我們想像的那樣輕鬆。

上級主管專橫獨斷，必須時刻知道他的需要、滿足他的需要，把自己變成主管需要的人；平級同僚傾軋構陷，必須處處小心，時時衡量，要做到左右逢源，滴水不漏；下級部屬虎視眈眈，隨時使用胡蘿蔔加大棒，讓他們老老實實做人，踏踏實實做事。

官場「三碗面」——臉面、場面和情面，哪一碗面都不好做，更不好吃。如果我們不是好廚子，就不能把這三碗面做得色、香、味俱全，結果累死在主管的看法、主管的想法、主管的說法的「三法山」下，永世不得翻身。

當官是一門技術活，需要背靠一棵大樹，眼觀六路，耳聽八方，雙手互博，輾轉騰挪，做得了奴才，捨得了錢財。

想在官場混，就得有久在河邊走、永遠不濕鞋的本事。官場上的明規則、零規則、潛規則，我們必須熟記於心，靈活運用，否則就可能成為替罪的羊、保車的卒。一旦我們成為官場不容的另類，被鈍刀凌遲也不是不可能的。

總之，當官難，難當官。

官不好當，企業高薪白領好不好？

企業的高級白領，從中產階層起步，步入或已經步入上流社會，整日出入高檔場所，與名人名流相處，收入高，待遇好，開名車，住豪宅，活得有尊嚴，過得有滋味。

如果把高級白領的生活比作一張光碟的話，這是我們作為旁觀者看到的A面。那麼，我們知道他們的B面是什麼樣子嗎？

天下沒有免費的午餐，企業不是福利院。作為商人的老闆，辦企業的最終目的就是為了實現投資利益最大化。所以，老闆只會充分利用一個人，不會白白養活一個人。

幾乎所有的企業，都實行薪水與效益掛鉤的管理制度。也就是說，白領只有給老闆賺一千萬，老闆能給白領一百萬就算善待。換句話說，白領是借老闆的鍋煮肉，肉熟後老闆分給白領一杯羹。

老闆只給白領提供了一口鍋，一筆買肉的錢，至於肉在哪裡，柴在哪裡，老闆不管。他只會命令白領花最少錢，買到最好最多的肉，然後用最短的時間用最少的柴火把肉煮到最香。白領要想拿到理想的薪水，有招想去，沒招死去。

於是，白領要想獲得與老闆交易的資本，就得透支腦力和健康，捨命去換，以維持他們高成本的體面生活。

有一個關於白領的笑話，聽後讓人卻無法笑出聲來。

有一個年輕白領去面試。面試官看完他的簡歷後質問：你參加工作只有兩年，哪來的三年工作經驗？年輕白領說：那一年的工作經驗是透過加班獲得的。

若問苦不苦，想想月薪四萬五；若問難不難，想想房貸那些錢。

白領，就像被架上戰車、逼上戰場的戰士，一旦與名利開戰，就無法停下來，隨之而來的是職業病，過勞死。三十歲的人，八十歲的心。

都說人生可以不設限，但是，我們的資源有限，能力有限，精力有限，天賦有限。我們不是全能戰士，包辦不了所有戰鬥。

事實上，不管我們是不是經商的材料，都在與這個社會做著看似公平的交易。面對這些交易，我們要多一點理性，少一點感性，慎重對待自己的任何一個選擇。不能讀懂時代，但必須讀懂自己。對那些充滿誘惑的東西，不能因為陌生而渴望，不能因為熟悉而厭惡，不能因為厭惡而拋棄，而是要知道看一件事情的A面，還要看到它的B面。

我們看見陰影，是因為背朝陽光。
只要我們轉過身，就能面向太陽。

我們能做的，別人未必能做；別人能做的，我們未必做好。

我們在橋上看風景，看風景的人在樓上看我。人生在世，不就是有時羨慕一下別人，有時被別人羨慕一下嘛！

一山更比一山高，一處更比一處美。時刻面臨種種比較的我們，一定要知道自己的身高體重，有幾斤幾量，經得住誘惑，耐得住寂寞，不衝動，不盲從。

欲除煩惱先無我，各有姻緣莫羨人。我們要學會享受工作，享受生活，不能再難為自己，不能再折磨家人。

第二章：假設我們活得特別累

我們看見陰影，是因為背朝陽光。只要我們轉過身，就能面向太陽。

我們看見陰影，是因為背朝陽光。
只要我們轉過身，就能面向太陽。

我們永遠沒有自己想像中那麼重要

有一個女人，能力特別強，上得廳堂下得廚房。在公司，她是公認的全能戰士，業務骨幹，緊急關頭拿得下，關鍵時刻頂得住，所在位置似乎無人可替。

她每天拼命似的工作，幾乎是白加黑、五加二（白天加晚上，一週五天加二天）。她這樣做，目的很簡單，就是為了賺更多的錢，成為朋友中最富有的人，住上最好的房子，開豪華轎車，穿名牌衣服，送孩子去貴族學校。

在家裏，她大權獨攬，說一不二，掌管家裏一切財務。她不但包攬全部家務、孩子丈夫的起居生活，而且還替丈夫和孩子做各種選擇和判斷。在她看來，她是家裏的太陽，離開她，家庭立即就會癱瘓，丈夫孩子寸步難行。

就是這樣一個鐵打的女強人，卻因過勞而死。

她在天堂裏苦苦哀求上帝，讓她回到人間。因為公司失去她，效益會急轉直下，甚至會倒閉；家裏離開她，肯定會大亂，丈夫孩子根本無法生活。

上帝對她說：「你在人間活得太苦了，幾乎像活在地獄裏一樣。我讓你來到天堂，對你、對他們來說，都是一種解脫！」

她辯解說：「不，絕不可能！你根本不知道我對公司、家庭裏有多麼重要，那些人對我有多麼的依賴。我這麼年輕，這麼有能力，你讓我離開特別需要我的人，不僅僅是害了我，還害了很多人！」

上帝說：「你沒有你想像的那麼重要，因為你不是太陽！一個家庭、一個組織，不會因為失去一個人而停止運轉。如果是，他們活著也毫無意義、毫無價值，活在人間也是多餘的，不值得你掛念。」

她憤怒了：「每個人的能力不同，作用就不同。你是萬能的、永垂不朽的上帝，而我卻是不能決定自己生死、不能照顧好至親的草民！對萬民來說，你是萬能的上帝；對我的同事和家人來說，我就是無所不能上帝！」

上帝說：「既然你對他們如此重要，我們就一起去看看他們現在過得怎麼樣！」

她和上帝來到公司。公司並沒有因為她的逝世而倒閉，效益似乎更好。每個員工似乎比她生前更加積極主動地工作，每個人都非常自信、樂觀，而不是像當初那樣呆板、麻木、無所事事。

她為此感到驚詫。在她印象中，他們絕對不是這樣的。她在公司的時候，屬下那些員工，就是一頭牛，撥一下動一下，只執行不思考，更不會自動自發地工作。在執行的過程中，凡事都向她請示、彙報。哪怕是買一包影印紙，也要請示她要在哪裡買，買什麼價位的。

他們來到家裏，家裏的情形更讓她吃驚。以前衣來伸手、飯來張口的父子，正在開心地做家務，兩個人就像一對好朋友，邊做邊聊天。不一會兒，他們就把家裏收拾得井井有條，乾乾淨淨。做完家務，丈夫下樓，與從來不說話的鄰居熱情地打招呼，並肩去買菜。在菜市場，丈夫認真地挑選上好的青菜，微笑著與商販們討價還價。

兒子主動坐在書桌前學習。他面前的卷子上，均標注紅紅的「優」，或是滿分。

這種情況，她在世時從未有過。丈夫在家裏，就像一個悶葫蘆，下班回家後屁股只放在沙發、馬桶、床上三個地方，除了看報紙、看電視、睡覺，其他事情從不過問，任她急，任她喊。她們之間的交流次數，與結婚的時間成反比。

那時，兒子對她和學習，只有恐懼和厭倦。學習對他來說，是為了滿足她的需要而不得不做的事。他假日裏垂頭喪氣地跟在她身後，不是在各種補習班補習，就是奔波在去補習班的路上。儘管她為了兒子考出優異的成績殫精竭慮，兒子卻時時、處處讓她大失所望。

「這些人以前是那麼依賴我，為什麼在我離去之後，反而做得更好，過得如此開心、如此快樂呢？」她百思不得其解。

上帝說：「你從來就沒有你想像的那麼重要，而是你一直認為自己很重要。在公司裏，你認為自己無所不能，沒有人能比你做得更好，於是，凡事你都要親力親為，根本不給別人證明自己的機會，更不關心別人的想法和感受。

這些員工學有所成，被公司當作人才聘用，他們也想在公司的平臺上證明自己的價值，也有能力做好他們負責的工作。但是，你除了自己誰都不信任，不給他們獨當一面的機會、證明自己能力的機會。他們有想法，沒辦法，只能在你的背影下逆來順受。

在家裏，你從來沒有想過，丈夫、孩子真正需要你做什麼。你一直認為，自己需要的，就是丈夫和孩子需要的，金錢、地位、豪宅、名車……可是，當你把這些擺在丈夫、孩子面前時，他們並不開心。

我們看見陰影，是因為背朝陽光。
只要我們轉過身，就能面向太陽。

其實，丈夫和孩子需要的並不多，也很簡單——關心他們、懂他們、在乎他們。但是，這麼多年來，你在給丈夫和孩子提供的，卻是一些重要但不需要的東西。

你像一輛無堅不摧的坦克，為了家庭成員的安全和安逸，衝鋒在前，苦也不說，累也不說。但是，你沒有想到，家人看到的並不是真實的坦克，而是坦克後面的滾滾煙塵。在煙塵中，他們找不到自己，做不了自己！

你死後，他們很悲傷，一時間感到無助。當他們意識到生活還要繼續，便學會了堅強和樂觀，並按照自己的想法設計生活、安排自己。」

重回人間看到的場景，經上帝的點撥，她突然意識到，自己真的沒有自己想像的那麼重要。這個世界上，誰都可以離開誰，無論你是權威領導還是草芥賤民。她把自己看得太重，就會把別人看得太輕。事實上，自己並不是不可或缺，別人也不是一無是處。

一個團隊，一個家庭，就像一架天平，每個人都處在這個天平的這端或者那端。哪一個人分量太重，天平就會失衡——位置、心理、責任全部失衡。

我們之所以活得那麼累，就是因為我們把自己看得特別重要，總是奢求身邊的人把我們當回事兒，對我們畢恭畢敬，服服帖帖。即使我們能決定一些人的前途和命運，也一定要清楚，他們敬的是我們的位置，服從的是我們手中的權力，而不是我們本人。

即使我們大權獨攬，一手遮天，也不能一個屁股坐滿所有的位置。這時，我們更不能把自己太當回事兒。我們太把自己當回事兒，別人就越不把我們當回事兒。

舞臺，是大家的舞臺，主角配角一起齊心協力，這臺戲才會演得精彩。如果臺上只有我們一個聲音，一個人表演，臺下就可能沒有一個觀眾。

在家裏，我們一定要把真實的生活、真實的自己當作禮物送給孩子和家人，而不是把自己包裝成全能戰士，包打天下，凡事都替別人做選擇、做判斷，不關注別人的想法和感受。

家人只有收到這樣的禮物，他們才會知道我們不過是一個普通的、有七情六欲、有缺點和弱點的人，進而嘗試著瞭解我們的需要，解讀他們的未來的生活，並從中認識到自己的責任和義務，逐漸成為生活戰場上的戰士，敢於挑戰，敢於擔當。

生活原本沒那麼苦，而是我們選擇了扮演苦行僧，習慣包攬苦差事。

生活從來沒有刻意為難過我們，而是我們時刻為難自己。

即使我們活得不如意，也要活得明白，活得輕鬆。

其實我們都是個小人物

在封建社會，統治階級為了讓被統治階級死心塌地地接受他們的統治，刻意地把人分成三六九等。於是，同樣具有一個腦袋、一個軀幹和四肢的人，就有了尊貴和卑賤之分；因為佔有社會資源不同，同樣的人又有了富有和貧窮之分。

在等級森嚴的社會裏，人們習慣性地認為，尊貴的人是大人物，卑賤的人是小人物；富有的人是大人物，貧窮的人是小人物。

事實上是這樣嗎？應該不是。因為地位可以剝奪，財富可以失去，而人卻是同樣的人。今天的大人物，明天可能就是階下囚；昨天的窮光蛋，今天可能就是大富翁。

童年給大戶人家放羊，成年是郵局系統的資遣職工，算不算小人物？應該算。農民子弟，鐵匠爐裏的鍛工，算不算小人物，應該算。

一群食不果腹、吃過草根、樹皮、賣過兒女換吃穿的人，算不算小人物？應該算。

擁有天下財富、一句話就能滅人九族的皇帝，算不算大人物？應該算。

權傾朝野、人見人怕、鬼見鬼哭、富可敵國的封疆大吏，算不算大人物？應該算。

但是，在西元一六四四年，放羊娃、驛站被開除的職工李自成和鐵匠爐裏的鍛工劉宗敏，帶著一群吃過草根、樹皮、賣過兒女換吃穿的社會底層人的小人物殺進北京城後，大人物崇禎皇帝朱由檢上吊自殺，一批曾經是中央幹部的大人物像一群螞蟻一樣，苟活在這群小人物的腳下。

三千多名一直認為自己是大人物的明政府官員，在一六四四年四月二十七日的黎明，被他們曾經任意奴役、剝削的一群小人物像牛羊一樣驅趕著、呵斥著，聚集在北京承天門前的空地上，等待李自成、劉宗敏的選擇——選擇他們的生或死、去與留。

在刺耳的辱罵聲中，他們戰戰兢兢地等了幾個小時後被告知，二十九日再來報到。

二十九日，這群曾經飛揚跋扈的大人物在承天門前從早上等到傍晚，才見到他們眼中的小人物李自成、牛金星和顧君恩等人。

顧君恩負責點名，點到哪個大人物，他必須站出來，聽牛金星詳細列舉他的罪名。這場小人物對大人物的審判，大人物卻不能有絲毫的反駁。

這群大人物的生死，全在李自成、牛金星的一念之間，不需要理由和證據，只憑他們的印象和感覺。

三千多名大人物中，只有九十二人被李自成留下，依然做他們心目中的大人物。剩餘的大人物，被那群曾經食不果腹、吃過草根、樹皮、賣過兒女換吃穿的的社會底層小人物隨意蹂躪、懲治、打罵，輕者剝奪他們的財產，重者剝奪他們的生命。

此刻，這些人誰是大人物，誰是小人物呢？

龍游淺水遭蝦戲，虎落平陽被犬欺。得志貓兒雄過虎，落毛鳳凰不如雞。世上從來就沒有一成不變的角色，皇帝輪流做，明天到我家。只要社會角色改變了，我們的世界也隨著改變了。

看來，只要一個人的社會地位變了，他的人物屬性也就變了，無所謂真正的大與小，尊與卑。人生不過百十年，均是世間匆匆的過客，光溜溜地來，光溜溜地走，不曾帶來什麼，也不曾帶走什麼，只為幾個概念活過。

所以，無論現在的我們如何，都不能把自己太當回事兒，更不能把自己當成不容忽視的人物。我們的位置隨時可以被頂替、財富可以隨時可以被剝奪、甚至生命都可能隨時歸零。

在義大利的都靈，有一所歷史悠久、馳名世界的大學——都靈大學。

在都靈大學的校門口，樹立著兩尊英格蘭黑色大理石雕塑，左邊是一隻鷹，右邊是一匹奔馬。這兩尊雕塑，是都靈大學的標誌，也代表著學校的教育理念。

這隻鷹和這匹馬象徵著什麼呢？很多人都會不假思索地想到，鷹應該象徵著學生的前途鵬程萬里，馬應該代表著學生的事業馬到成功。然而，在都靈大學的校史中，對鷹、馬的意義的解釋，卻出乎所有人的意料。

那隻鷹，就是一隻鷹——被餓死的鷹。那隻鷹被孵化出來後，一直認為它天生就是飛翔之王，與那些只求溫飽的麻雀、烏鴉不同，它的使命是搏擊長空，俯瞰山河，遨遊世界。因此，這隻鷹不願與其他鳥類為伍，自己在深山裏、懸崖上苦練各種飛行本領，對築巢、覓食的技巧不屑一顧。

這隻鷹認為自己的飛行本領可以獨步天下時，便離開家遨遊世界去了。然而在旅途中，它卻因為五天內找不到食物，活活餓死了。

那匹馬，也不是人們心目中日行千里的血汗寶馬，而是一匹被拙劣皮匠剝了皮的普通馬。這匹馬出生在窮人家裏，被磨坊主買去拉磨。吝嗇的磨坊主每天讓它沒完沒了地拉磨，稍有懈怠就棒打鞭抽，毫不愛惜它。

於是，那匹馬乞求上帝把它換到馬夫家，上帝答應了它的要求。馬夫家並沒有它想像的那麼好，只是把它的工作由拉磨變成了拉車。它每天被驅趕著早出晚歸，飼料卻是難以想像的差。這樣的日子自然讓這匹馬難以忍受，它又乞求上帝幫它再換一個主人。上帝再次答應它的要求，把它送到皮匠那裏。

在皮匠家裏，那匹馬活得很滋潤，每天不但不用幹活，而且還有上好的草料吃。一個月以後，它變得膘肥體壯，毛色發亮。可是，有一天皮匠什麼解釋都不給，就把它殺了。它的肉，被廉價處理；它的皮，被皮匠做成各種皮製品。

都靈大學的創辦者把這兩尊雕塑矗立在校門口，可謂用心良苦，旨在提醒都靈大學的學子們：無論你是何等出身，都像普通人一樣，離不開簡單的吃喝屙撒睡，只有學會生存才能發展；無論你是誰，別人都不會無條件地滿足你的要求。世界上除了上帝，每個人都是自私並苛刻的，他們只能按照自己的需要有條件的給予別人。

從都靈大學畢業的學生，最大的特點就是一直把自己當作小人物，重視實際，善於接受，從不苛求。因此，他們也受到世界各大跨國集團的追捧，獲得展示他們才華的最好平臺。

想一想，有時候，我們像不像那隻餓死的鷹？依仗自己家境好，父母強，條件好，學歷高，好高騖遠，對普通的工作、普通的人瞧不起，看不上，最後高不成低不就，一事無成。世俗的生存概念，讓我們也像那匹馬那樣，始終找不到滿意的老闆，找不到理想的工作？或者一直以為自己不得不做著早已厭倦的工作，不得不與一群卑鄙齷齪的人朝夕相處？於是，我們便折磨著自己也折磨著別人。

在這個時代，無論我們貧窮還是富有，高貴還是卑賤，似乎都以同一種方式憤怒。因為，我們身邊時刻發生著不公平、不公正的事。一個行業與另一個行業的地位存在天壤之別；一個單位不同階層，收入相差異常的懸殊。

轉身之間，我們發現，不論自己如何努力，命運卻與豬相似，隨時都可能被人宰割，成為別人飯桌上的一盤美味佳餚。有時候，他們連個招呼都不打，按著他們的需要隨意、隨時處置我們。

我們看見陰影，是因為背朝陽光。
只要我們轉過身，就能面向太陽。

因此，我們憤怒、焦慮、浮躁、沒有安全感。

其實我們大可不必這樣。只要我們認真讀過歷史，就會發現，社會從來就是這個樣子的。真正強大的，是物而不是人。大人物，手中有大物，小人物，手中有小物。而物，不會被一個人終生持有。人一旦失去物，就不再是人物，而是動物。

我們憤怒，是因為別人手裏有物，而我們沒有。一旦我們掌握了那個物，也會成為現在我們聲討、鄙視的人。作為世俗中人，屁股決定腦袋，想法決定看法，誰不比誰高尚，誰也不比誰卑鄙。

我們手中無物，卻非把自己當成一個人物，結果只能讓自己內心糾結，失眠多夢。

這裏所說之物，是指權力、地位和財富。我們之所以糾結此物，是因為社會以物論人，以物待人。

世界雖然險惡，畢竟每個人都有各種需要。只要我們靜下心做自己能做的事，把能做的事做好，幾年後不可能身無一物。可是，當我們手握當初夢寐以求之物時，為什麼卻比當初一無所有時活得更累，走得更忙，只是因為我們一直想成為人上人，做非池中之物。因此，我們愛惜自己的羽毛，看重別人的評價，無時無刻不在和別人較真、和自己較勁。

別人可以難為自己，但我們不能難為自己，量力而行，量入為出，盡人力而聽天強，不強求，不苛求，凡事要想得開，看得透才行。**無論我們在扮演什麼社會角色，都要把自己當作小人物，謙卑低調地活著，不逞一時之能，不吃一世之虧**。

如果我們僥倖在人之上，要把人當人，因為一是有人在我們之上；二是在我們之下的人，有一天也可能在我們之上。

如果我們不幸在人之下，也不要強行要求別人把自己當個人物來看，否則就是自尋煩惱，自討苦吃。

我們看見陰影，是因為背朝陽光。
只要我們轉過身，就能面向太陽。

我們沒那麼多觀眾，別再活得那麼累

從出生那一天起，我們便走在自己選擇或者別人安排的路上，急匆匆也好，慢悠悠也罷，都是主動或被動地向前走。看看路上，有的人開著豪華的保時捷、賓利從我們身邊呼嘯而過，有的人衣衫襤褸，步履蹣跚，不時向行人乞討。

這一路，就是我們的人生。因活而來，為死而去。起點、終點相同，唯有經歷不同。我們不能從這個世界帶走什麼，肯定會給這個世界帶來什麼，譬如財富或罪惡。

因為一路同行，我們既是行者也是觀眾，自己怎樣走，看別人怎麼走。於是，我們從小接受教育的核心就是一個字──比。要比別人富有，要比別人地位高，要比別人活得好。

一個比字，就將我們的生活置於萬劫不復之地。上學比誰成績好，工作比誰賺錢多，隨之而來的是比房子、車子、位子、女子，然後比孩子。彷彿我們置身世界最高的舞臺上，所有人都關注著我們，我們不能不比，不得不比。

所有人都在比，但是靜下來想一下，誰要求我們一定要比？沒有人要求我們，是我們把自己架到戰車上，打了一場場不知道為何而戰、為誰而戰的戰爭。誰比我們強，我們就向誰宣戰。遺憾的是，遠到天邊，近在眼前，比我們聰明的、智慧的、富有的、幸福的、有名的、有權的數不勝數，不記其數。

隨著我們財富的累積，社交層次的提高，我們會遇到越來越多的能人和精英，在這些人面前，我們曾經獲得的勝利，根本不值得一談，就像騎摩托車的遇到開跑車的，比不起，戰無力。回顧四周，發現依然自己最差。

這時候，就是我們覺得活著沒希望、對自己失望、對社會絕望的時候。

二十幾歲，我們大學畢業走入社會，憑藉祖上陰德，父輩的支持；或靠自己一技之長，白手闖天下，在一個城市的一個行業裏，略有地位，小有名氣，買了房子、車子，娶了老婆，生了孩子，過著衣食無憂的小日子。

這時我們大學畢業時夢寐以求的生活，確實是現實了，我們卻沒有一點幸福感都沒有，不如意之事依然十之八九。成就感越來越少，挫敗感越來越強。我們似乎每天都重複著昨天的故事，程式化、機械化地面對每個人每件事。

審視自己和社會，突然感覺一切都凝固化。經歷多了，膽識就少了；接觸的人多了，自己的弱勢就明顯了；扮演的角色多了，銳氣漸漸褪掉了；在一個行業待久了，思維也就僵化了。

在這種情況下，如果我們像父輩那樣輕易滿足，像庸人一樣容易混沌，像得道高僧一樣無欲無求，也會過得很幸福，活得很坦然。這種活法很簡單，我們卻很難做到。我們曾經有過激情，有過夢想，有過抱負，並為之努力奮鬥過。遺憾的是，在人生的戰場上，我們祈求成為統帥，卻一直是捨身衝鋒的無名士兵；在有幾十億票房的大片中，只扮演過路人甲、觀眾乙。

我們就像一個舉重運動員。不管當初是誰幫我們選擇了練習舉重，不論在什麼情況下我們練習了舉重，我們的確為舉重活了很多年。我們贏得學校、縣市裡的舉重冠軍，卻沒有獲得全國、亞洲、世界、奧運會的冠軍。

可以說，我們在舉重界是一個失敗者，可是我們卻執著地每天練習舉重。在我們的視野裏，都是練習舉重的人。儘管我們明明知道自己的實力與奧運會冠軍的距離，卻遲遲不肯改練鉛球和鐵餅。原因是，我們練習舉重很多年，最重要的是，我們已經是縣裡的冠軍。儘管我們心裏很清楚，在舉重界，縣級冠軍屁也不是。

也許，我們擲鉛球能獲得世界冠軍，投標槍能奪奧運會金牌，但是，我們依然不敢放棄舉重。重新開始，從頭再來，連這樣的夢都不做了。在生活的磨刀石上，我們已經失去了血性和勇氣，想贏更怕輸。

正因為如此，我們遇到一個尷尬的人生瓶頸。因為曾經一無所有，所以害怕回到從前；因為曾經顛沛流離，所以不敢做出改變；因為在一個行業付出太多，所以不甘心從零開始。但是，我們的內心卻從未停止與身邊的人比較。執著與比我們強的人比，不屑與比我們差的人比。在和熟悉的人比較中，挫敗感頓生，萬事不如人，於是我們在抱怨中打發生活，或者被生活打發。

我們雖然衣食無憂，吃喝不愁，但活得並不如意。因為我們習慣凡事與別人對比，就像自己身為六十公斤級的摔跤運動員，卻暗自與八十公斤級的運動員較量，所以身累，心更累。如果我們真的能看淡成敗，豁出去為此一搏，不成功便成仁，但似乎又做不到。想得卻不捨，於是每天為了多也不喜、少也不憂的五斗米，聽從別人的安排，扮演別人需要的角色，複製死水一潭的生活模式。然後不停地羨慕別人的富有，厭惡自己一無是處。

我們為什麼會這樣？究其根底，還是那個比。我們習慣比，卻怕比，天天在比，事事在比，卻無法比。在行動上，想得到又怕失去；想中幾億的大獎，又捨不得五十塊錢的彩券錢。在患得患失中，既不知足，也不知止。

既然如此想比，為什麼不能放手一搏，勇敢地做真實的自己？是因為我們已經習慣做別人眼裏的演員。我們擔心自己重新開始，別人會說我們癡心妄想；萬一失敗了，別人會嘲笑我們自不量力；一旦弄巧成拙，會成為別人茶餘飯後的笑談。

細想一下，一個偌大的城市，有幾個人能認識我們？在認識我們的人中，又有幾個人會有閒心關注我們？關注我們的人中，又有幾個真正在乎我們活得好不好？

在乎我們活得好不好的人中，又有幾個人能為我們的人生負責？沒有幾個，十個手指就能算出來。不能為我們人生負責的人，我們又何必免費做他們忠實的演員，演他們根本不關心的戲碼呢？我們不是明星演員，沒那麼多觀眾欣賞我們的一言一行、一舉一動。

有一種選擇叫放下，有一種境界叫捨得。活著的內容中，自己感覺好才是真正的好。我們已經為別人毫無價值的評論活了半生，還要為別人一文不值的審視再活半生嗎？如果這樣，到我們死的時候，可能誰都對得起，唯一對不起的就是自己。

我們生得渺小，不是我們能選擇的，但活得憋屈，就是我們的錯。為虛構的觀眾過著虛假的生活，做心虛沮喪的自己，不但自己累，別人也跟著累。

我們真的沒有那麼多觀眾，更沒有那麼多人在乎我們的成敗得失。有多大的力量就去搬多重的麻袋，為何心不能安？有什麼樣的本事就過什麼樣的生活，關別人屁事？

生命短暫，而且無常，何不做一件自己想做的事，按自己的想法活一回？

如果我們說不，那就別說自己是可憐之人。可憐之人，必有可恨之處，毫無可惜一說。

我們看見陰影，是因為背朝陽光。
只要我們轉過身，就能面向太陽。

過去難以忘卻，但一定要放下

在眾目睽睽之下，能對自己過去所有失敗、苦難侃侃而談的人，不是成名的就是發財的，因為那段經歷，已經成為他們的人生財富，可以隨時拿出來炫耀。

對自己的失敗、苦難遮遮掩掩閉口不談的，肯定是事業失敗、對自己失望、對生活絕望的人。他們不想把自己難以啟齒的經歷再次呈現，是擔心別人嘲笑、鄙視或瞧不起。

那段經歷，對尚未成功的年輕人來說，從不需要刻意回憶，因為它時刻漂在腦海裏，或是一種證明，或是一種否定。

在似乎定型的社會結構中，既無資源又無資助的我們，在二十到三十五歲這段時間，太多的不如意，讓我們完成了從不信邪到是邪便信的蛻變。

在物質利益的世界裏，我們四顧茫然。滿目的不公平、不公正，讓我們對理想、對前途，甚至對人生產生懷疑，突然變得拿不起也放不下。於是，我們不再及時開始應該開始的行動，不能果斷讓那些錯誤的選擇立即結束。

失敗的過去，無能為力的現實，成為拴住大象那根細繩，不但羈絆我們的手腳，而且束縛我們的思維。認命、埋單，然後隨波逐流，讓自己的背影在平庸的人群中消失。

不是我們不夠努力，而是努力也無法改變即成的現實。繁華的都市，無情地吞噬著我們的青春、激情和夢想，讓我們忘記來時的目標，不敢做真實的自己，漸漸把自己迷失。

過去的事情，不是說忘就忘的，我們均尚未達到那種境界。記著可以，但絕對不能時常品味，我們就應該將那些過往坦然放下，因為我們的心理確實承載不了那麼多。

在《聖經》裏，有這樣一段描寫摩西的故事。

摩西是古埃及法老的兒子，他面對全國子民飽受不公正的剝削和虐待，生活在暗無天日的社會底層，苦不堪言。權貴、富豪在這些貧苦的人們頭上橫行霸道，為所欲為。窮人習慣了，權貴也習慣了。他對此卻忍無可忍。

一個埃及權貴，無故毆打以色列人。摩西遇到了，憤怒了。為了伸張正義，他殺死了把窮人視為螞蟻的埃及權貴。

摩西認為，以色列人會理解、支持他的行為。事實卻不是這樣。沒有人把他視為為正義而戰的英雄，卻把他看作殺人不眨眼的魔鬼，罪不可赦。讓他更沒有想到的是，以色列人居然出賣了他。

因為殺了人，摩西處境非常危險，隨時都有可能被抓去處死，因此他逃到米甸。他認為，在那裏他會得到人們的理解、支持和保護。

事實上，在米甸，別說理解他，連理睬他的人都沒有。在所有人眼裏，他就是殺人犯，理應處死。為此，他感到無比的孤獨和無助。

摩西也糊塗了。他實在搞不明白，萬能而英明的上帝，為什麼允許這樣的事情發生。他畢竟是法老的兒子，擁有崇高的社會地位。他應該生活在皇宮裏，而不是四處逃命。

為了不因正義的行為被處死，他只能接受那個黑白顛倒、不可思議的現實。他有家難回，不得不像罪犯一樣，亡命天涯。

為了一個簡單的活著，摩西結束了居無定所、四處流浪的生活，成為一個牧羊人。作為法老的兒子，他開始領導羊群，而不是子民。按繼承法，他應該繼承王位領導臣民的。

摩西想做一個匡扶正義、為窮人說話的好人，沒想到，富人、權貴視他為異類，窮人、弱者把他看成瘋子、罪犯。

摩西沉淪了，變得膽小怕事。亡命天涯、飽受歧視、無人理解的生活，磨去了他的棱角，湮滅了他的正義感。他能做的，就是忘記，徹底忘記。

除了自己的名字，他把什麼都忘記了，把當初作為一生的理想——解救奴役中的在埃及的以色列人，也忘記了。

忘記是醫治傷口的良藥，免費的。

如果摩西沒有選擇忘記，他就不會在米甸孤獨地度過漫長的四十年。他只有熬過四十年，才有機會真正領導他的子民。

從這個故事裏，我們可以看出，世界上很多事情，並不像書本上描述的那樣公平，連法老的兒子也一樣，何況我們一介草民？這些不公平的事情，不是隨著弱者的吶喊而消失的。只要強者把我們放在案板上，我們就得任人宰割。

社會，本來就是不公平的。陷害、利用我們的人，時刻存在，我們時刻要面對未知的強加。我們很難成為苦難的製造者，卻容易成為苦難的埋單者。

種種刻骨銘心的經歷提醒我們，或因出生的錯誤，或因專業的錯誤，或因婚姻的錯誤，導致我們一處被動，處處被動；一步落後，步步趕不上。因為不懂，我們多次被傷害；因為堅持，我們多次經歷挫敗；因為不服，我們多次遭遇苦難。

我們被別人放置在刀刃之上，成為釘床上的舞者。為自己、為別人表演，是不能推辭的義務和責任，或者是無奈的選擇。一腳落錯地方，就會失去，就會有無盡遺憾。

在資訊如此發達的時代，我們不能說什麼都懂，最起碼已經看清所在圈子的人，明白什麼事情可做，什麼人應該遠離。把一些人歸零，把一些事忘卻，才是這一年最應該做的事情。

一些人，不是我們想躲開就能躲開的，但是我們可以忽略他們想什麼、做什麼、說什麼，對他們視而不見。這個時代最大的好處是，沒有一個人可以決定另一個人的命運，只要我們敢於放棄。

一些事，對我們來說，無論是好是壞，都已經成為無法改變的事實。我們悔也好，恨也罷，都不可能讓它回到從前。既然已經結束，我們就痛快地為其埋單，轉身走人。我們以後肯定會犯錯誤，但絕對不會再犯類似的錯誤。這就是收穫。

天下有很多人，都曾經或正在遭遇與我們類似的問題，他們面對與我們一樣的生活難題，與我們一樣抱怨著、憤怒著。但是，我們是否想過，有著同樣的遭遇，卻有人永遠沒有機會憤怒和抱怨。這是逝者的幸福，還是生者的悲哀？

兔子從不抱怨老虎的野蠻，因為它知道自己是兔子。既然離不開森林，就得接受弱肉強食的叢林法則。身為兔子，是兔子的選擇，不是老虎的安排。

既然生而為兔，就不要在老虎面前談公平。公平可以寫在紙上，養眼；不可以放在心中，累人。

把過去的種種不如意全部放下，我們才是一個嶄新的人，才能開創另一段嶄新的人生。

經歷過的錯待和苦難，是我們學會與社會相處的課程。它讓我們認識到，對於身處劣勢的我們來說，它無時不在，無處不在。我們能做的，不是逃避苦難，而是從種種苦難中提煉出智慧，將苦的部分熬製成良藥。

我們看見陰影，是因為背朝陽光。
只要我們轉過身，就能面向太陽。

受挫一次，對生活的理解加深一層；失誤一次，對人生的醒悟增添一階；不幸一次，對世間的認識成熟一級；磨難一次，對成功的內涵透徹一遍。

經受住苦難檢驗的人，懂得在痛苦、痛哭之後，如何坦然上路。有苦難，是因為有奇蹟，也就有了弱者書寫人生奇蹟的機會。

我們不再需要別人做嚮導

記得在某本書中看到這樣一個故事。

在哈佛大學某屆畢業生的畢業典禮上，有一個教授非常正式地對他的學生說：「十年後，你們不要聚會。那種聚會，會使你偏離自己人生追求的目標！」

開始時，我對這句話並沒有深刻的理解。直到幾年前一次大學同學聚會之後，我突然參透了這句話的玄機。

畢業十年，同學聚會，非常熱鬧。我單純地認為，同學聚會，就是敘舊、交流生活心得、相互提供資源的活動。事實上並不是這樣。畢業十年的聚會，確切地說，就是飛黃騰達者炫耀、落魄失意者沉默的大會。

同一所大學同一時期畢業的同學，經過十年的奮鬥，因為選擇方向、各自機緣、努力程度、運氣的不同，社會地位和自身身價已經完全不同。人與人之間，存在著巨大的社會位置落差。

我同學的境況，大致可分三種：

一、**做官的**。適合做官的都做官了。他們成為地方幹部，在各個機關裏混得風生水起，而且發展空間很大。按理說，地方級幹部，在中央部會，無異於嘍囉，但在鄉鎮市，就是大權在握的地方諸侯，握有不能藐視的權力，掌握著常人無法想像的公共資源。

二、**經商的**。具有冒險精神和發財欲望的人都去經商了。他們抓住機會，利用資源，都成為老闆，或者是上市公司的中層主管。他們在各個行業，拼出一方天地，佔有一席之地，不是千萬富翁，就是年薪上百萬的高級白領，住豪宅、開名車，成為各個行業裏的佼佼者。換一句很俗的稱呼，就是所謂的成功者。

三、**上班的**。由於外界和自己條件的限制，這些人淪為社會底層的螞蟻，社會金字塔底得磚頭。他們起得比雞都早，睡得比老鼠還晚，付出得比牛馬都多，得到的比螞蟻還少。最要命的是，他們沒有決定權，卻是埋單者，時刻受到各種不公平、不公正、不公開的掠奪。

前兩種人容易成為第三者的羨慕對象。有他們站在前面，就容易讓第三種懷疑自己的人生追求目標，抱怨自己的生活境況，習慣性地向別人靠近或者跟進。

同學聚會後，總會有一些人得意，有一些失落。得意的人乘興而去，失落的人敗興而歸。失落的人，開始質疑自己的選擇和堅持，懷疑自己的職業和奮鬥目標。因此，膽子大的跳槽改行，奮力一搏；膽子的小的自暴自棄、萎靡不振。

這就像馬拉松比賽。我們從起點出發，按著自己的節奏跑得很好，當看到有人超越自己，或者得知有幾個人達到終點時，自己的節奏亂了，步子重了，甚至想到放棄了。最可怕的是，第二天就改練拳擊和散打了。

看來哈佛那位導師講的不無道理。在我們的人生目標尚未實現時，如果定力有限，就不要參與各種熟人的聚會，因為它會讓你傷心、傷身、傷神。

近幾年來，最成功的作家，應屬發行近千萬冊的《明朝那些事兒》作者當年明月。《明朝那些事兒》引爆寫史熱，一時間，中國五千年的歷史幾乎被寫了一個遍，市場上類似《明朝那些事兒》的書籍多如牛毛，某些作者還公開宣稱ＰＫ當年明月，但是，他們的歷史書，僅僅是對一段歷史的簡單複製，根本無法感動讀者。

當年明月研究明史，沒有任何理由。作為海關的小公務員的當年明月，研習明史，不是他的工作需要，更不是想靠此發財。

然而，當中國的《百家講壇》引發國人讀史熱時，已經精通明史的當年明月，用他獨到、新穎的方式，給國人立體還原明史時，一時間，引三千明礬竟折腰。洛陽紙貴，一書難求。

其他作者，見當年明月成名了，發財了，才搬出自己並不熟悉的古籍，以模仿當年明月的筆法，進行拷貝。一個朝代的政治、經濟、文化、國情，在幾個月時間內，恐怕連皮毛都難掌握，達不到當年明月對明史認識高度，自然在情理之中。

當年明月研習明史時，沒有人因為寫歷史，賺到幾千萬人民幣的稿費，甚至沒有一個人因為研究歷史，而名滿天下、婦孺皆知。他是以自己的愛好為人生嚮導，做自己想做的事。不以別人如何心動，不以別人怎樣改變。如果他當年慨歎「我本將心托明月，誰知明月照溝渠」，就不會有今天的當年明月！

欲除煩惱先無我，各有姻緣莫羨人。三十五歲，只是人生的中場休息、調整時間，還未到親朋好友在悼詞中總結我們一生的時候。地球是圓得，位置會變的。只要我們面朝正確的方向，即使目標再大再遠，也會有實現的那一天。

如果我們無法獲得權力，那就追求財富；如果我們無法獲得財富，那就追求充實和幸福。權力和財富可遇不可求，充實和幸福還是能得到的，只要我們願意。

我們看到別人開公司賺大錢了，也跟著下海游幾圈，結果上岸後連泳褲都不見了；看到別人炒股票發財了，也跟著開戶投資，結果把血汗錢都贊助給莊家了……

三十五歲，不知道自己要什麼，是可悲的；看見別人擁有什麼，就去追求什麼，是沒救的。

三十五歲時，無論我們成為哪一種人，都不得驕傲或自卑。人與人之間，沒有可比性，也不能比，更不能以某個人作為自己人生路上的嚮導和參照。我們要盯準自己的目標，既要仰望星空，又要腳踏實地，不能讓別人暫時的成功所左右。

建自己的廟，念自己的經，成自己的佛，才是自己應該做的事。

我們看見陰影，是因為背朝陽光。
只要我們轉過身，就能面向太陽。

人與人的背景、資源、機遇、能力、起點、人脈都不可能一樣，更何況，我們參與的往往有人為操作痕跡的非公平競爭。因此，我們必須服氣，但不能認命。做自己，按自己的方式，實現自己追求的目標。

實現一個目標，幾乎沒有一蹴而就的。不是老子準備充分，就是個人準備充分。如果我們的老子一輩子懈怠，我們又不是什麼天才，沒有特殊的機遇，那就得慢慢遞準備，慢慢地等。只要我們準備充分，機遇一旦到來，就有我們的出頭之日，脫離社會底層。

這樣做值得嗎？值得。**我們的一生中，只需要一次成功即可。**

生活需要完整，而不是完美

網上曾經流傳這樣一個段子：存款不在多少，夠花就好；房子不在大小，夠住就好；朋友不在貴賤，知己就好；孩子不在男女，孝順就好；年齡不在高低，健康就好；生活不在貧富，快樂就好！

這個段子所言，我們接受不？接受；能否做到，很難做到。因為我們往往忽視已經完整的生活，執著地追求生活的完美。所以，我們一旦忘記了生命的本真，就會成為一生追逐的行者，永遠活在路上。

生活於人而言，根本不存在真正的完美。官，做到多大才算完美？錢，賺到多少才算完美？沒有人能給出標準答案。凡事只有更好，沒有最好。

完美，就是掛在驢子嘴巴前的胡蘿蔔，令不論貧富卑賤的我們，追求一生，一生追求，

我們看見陰影，是因為背朝陽光。
只要我們轉過身，就能面向太陽。

都活得像一頭驢子。

我們是俗人，做著俗事，難免就會落入俗套，無法做到無欲無求。

但是，身邊充滿種種誘惑和概念的我們，一旦盲目地追求自己假設的完美，或者別人虛構的完美，就很難獲得完整的生活。殘缺和遺憾，就會成為人生的主要內容，最後我們只能變成連自己都討厭的人。

在一個禪理故事中，一對師徒有過這樣一段精彩又飽含哲理的對話。

弟子問師父：師父，人類為什麼會做出那麼多不可思議的事情？

師父回答：那是因為他們的很多欲望是相互矛盾的。他們慨歎成長後有那麼多煩惱，卻毫不吝嗇地拋棄兒時的真摯；他們年輕時以健康換取金錢，不久後又不得不用金錢買健康；他們用懷疑的目光審視別人，卻抱怨自己身處信任危機的時代。

弟子又問：他們為什麼如此矛盾呢？

師父答：他們忽略了本已完整的生活，追求那塊可遇不可求的拼圖，進而把簡單的生存變成了複雜的生活。

弟子問：他們這樣做的結果是什麼呢？

師父說：他們都認為自己能長命百歲，卻不知死亡第二天就可能降臨。因此，他們無視當下的幸福，對未知的未來充滿焦慮。他們既不活能在當下，也不能活在未來。只有在臨死前，他們在意識到，一輩子從未真正為自己活過一天。

想想我們自己，是否活得也是這樣矛盾呢？

在物質利益當道的社會，在資訊如此發達的時代，我們時刻面對來自各方面的誘惑。功名利祿，使我們自覺不自覺地對自己的生活，附加上更多的條件，使其趨於心目中的完美。都市裡的很多男女，在適婚年齡時，因為自身條件不錯，便對自己的另一半要求高得離譜。他們抱著寧缺勿濫的心態，拿著設計多年的圖紙，尋找生命中完美的另一半。他們對比多年之後，結果一無所獲，傷了別人，也傷了自己，最後只留下這樣近似絕望的感歎。

女人感歎世上的男人：有才華的長得醜，長的帥的賺錢少，賺錢多的不顧家，顧家的沒出息，有出息的不浪漫，會浪漫的靠不住，靠的住的又窩囊。

男人感歎世上的女人：漂亮的不下廚，下廚房的不溫柔，溫柔的沒主見，有主見的沒女人味，有女人味的亂花錢，不亂花錢的不時尚，時尚的不放心，放心的沒法看。

一個人之所以要找生命的另一半，其實質目的是為了過上完整的生活，塑造自己人生的完整。和愛自己和自己愛的人，形成一個完整的婚姻，生一個可愛的孩子，組成一個完成的家庭。

愛自己的人，應該有很多。可是，一旦我們給愛自己的人附加的條件越多，被過濾掉的人就會越多。如果把條件附加到完美的程度，這樣的人只能在小說、電視劇裏存在了。

譬如，一個女孩把自己的未來老公定位成這樣：年齡比自己大二到五歲，相貌中等偏上，身高一八〇公分以上，碩士學歷以上，年薪在八十萬以上，在台北有個房子，座駕在八十萬以上，再加上舉止有風度，境界有高度，思想有深度，作風有硬度，嗜好有限度。

這樣的男人，確實完美。但在千萬男人中，這樣的人能有幾個？如果這個女孩非這樣男人不嫁的話，結果也只能被剩下了。

一雙鞋子，穿著舒服，符合自己走路需要即可，何必在乎它是什麼牌子？世道這麼濫，完美給誰看？公主穿什麼鞋子都是公主，村姑穿什麼鞋子也是村姑。自己是什麼就是什麼，何必用一件人造的東西加以證明？

活著，是活一種感受，不是活一種證明。凡事都有一個度，適度就是完整。如果我們忽略了完整，一味地追求完美，結果我們只能迷失了自己，忘記自己真正想要的東西，忘記自己真正想要的生活。

一位大師感覺自己大限將至，但住持的位子傳給誰，一直令他猶豫不定。大師有兩個得意弟子，稟賦、修行、人品難分伯仲。於是，大師決定對兩個弟子做最後一次測試。

大師對兩位弟子說：「我的大限將至，需要山中的一片樹葉隨行。你們到山上去找，三天後交給我。

師兄認為，師父是德高望重的佛學大師，那片樹葉必須非常完美，才能與其身份相符。於是，他在山上山下四處尋找，樹葉雖然多得數不勝數，卻始終找不到他心目中完美的樹葉。

滿山大小不一的樹葉，有的不完整，有的不圓潤，有的太肥厚，有的太單薄……總之沒有一片是完美的。

連一片讓自己滿意的樹葉都找不到，這令他非常沮喪，最後空手回到大師身邊，要求師父再寬限幾天，他要到別的山上去找。

師父說：「山與山相似，樹與樹相同。如果苛求，便是妄求。一葉知大千世界，一念定腳下人生。」

師弟回來了，交給師父一片完整的樹葉。那片樹葉很普通，看上去其他樹葉沒有實質性的區別，它的色澤、筋脈、品相都不出眾，更談不上完美。

大師欣喜地接過樹葉，滿意地點點頭，說：「這就是我想要的那片樹葉！」

師兄說：「師父，這樣普通的樹葉，滿山都是。它既不稀有，也不珍貴。面積不夠大，色澤不夠鮮亮，葉脈不夠清晰，葉柄不夠通直。如果我知道你要的是這樣的樹葉，別說三天，一個時辰我就能摘一車回來！」

師弟說：「師兄說得沒錯，這片樹葉確實不夠完美，但它是我在三天之內，看到的最完整的一片樹葉。」

最後，大師將住持的位子傳給了師弟。

生活由幾塊拼圖構成，我們只能盡力把每塊拼圖尋找到，將其拼成完整的一幅畫，只要自己願意欣賞足矣。如果我們對每塊拼圖一再苛求，不但找不到，而且很難將人生拼湊完整。我們在追求完美的同時，也會迷失自己。既忘了自己從哪裡來，又不知道自己要向哪裡去。這樣的生活，豈是一個累字了得？

做得漂亮，不如活得明白。別再抱怨，不是我們什麼都得不到，而是我們什麼都不想要。

身處浮躁的時代，我們一定要將生活看清楚、想明白，諸事隨緣。不苛責自己，不強迫別人，盡人力而聽天命，得之坦然，失之淡然。

關注自己的需要，忽略別人的眼神

在清朝康熙年間，北京城裏出現一個象棋天才。他棋風飄逸、思路離奇、招法令人匪夷所思，不按常理佈局。

即使是棋界成名高手，與之對弈，也是被殺得暈頭轉向，昏招頻出。因此，他被圈內人譽為鬼才棋王。

自成名以來，鬼才棋王與國內數百名高手、國手對弈時，習慣遲到一刻鐘。他出現在對手面前時，總是手拿一把巨大的摺扇，一身白衣，顯得器宇軒昂，風流倜儻。他的步伐平緩穩重，目光犀利，一副自信滿滿、居高臨下、捨我其誰的架勢。

不論對手是誰，棋盤上局勢如何，他總是鎮定自若，氣定神閑，好像結果已在他的掌控之中。他時而起身到窗前觀景，時而品茗搖扇。

對手出招時，他目光犀利，似乎洞穿對方肺腑，嘴角掛著冷笑，蔑視中透著狡詐；他出招時，右手拇指和食指嫻熟地夾著棋子，不假思索，應聲落盤，果斷俐落，似乎成竹在胸，勝券在握。

無論對方賽前準備得如何充分，對鬼才棋王有多深的研究，此時均是方寸大亂，頻頻出錯，最後只能投子認輸，自歎不如，甘拜下風。

鬼才棋王與各路棋手對弈上百局，無一局失利，讓棋手與棋迷們不得不研究他的棋路和弈技，試圖找到他的弱點和破綻，揭開他百戰百勝的奧秘。怎奈鬼才棋王下棋隨意隨心，毫無章法、規律可循。即使某高手把他的常規招式熟記於心，了然於胸，再次與之對弈時，依然被他殺得一敗塗地。

於是，眾人打心眼裏認為棋王是千年一遇的鬼才，凡人不可戰勝。

誰知，難求一敗的鬼才棋王突然接到一封從江南水鄉寄來的挑戰書，請求與之在京城某知名茶館對弈三局，並以重金作碼。鬼才棋王自然不把這個山野村夫放在眼裏，欣然應戰。

消息傳出後，震驚京城棋界。凡是輸給鬼才棋王的人均認為，來自窮鄉僻壤的挑戰者乃井底之蛙，自不量力，必輸無疑。雖然這次對弈結果毫無懸念，但他們還是急切地期盼鬼才棋王再次續寫神話。

對弈那天，茶館內外人山人海，棋迷們翹首企盼。不過令眾人想不到的是，挑戰者居然是一位白髮如霜、年越古稀的老人，而且用一塊黑布蒙著雙眼。

鬼才棋王依然像往常那樣的風流倜儻，姍姍來遲。隨從在老人的耳邊嘀咕幾句後，老人起身，伸手示意棋王入座。棋王從未與蒙著眼睛的人下過棋，又見對手心無旁騖，內心深處不禁掠起一絲波瀾，但他還是像往常那樣鎮靜地坐下，準備迎戰。

老人說：「老朽自幼失明，為不失觀瞻，只好蒙上雙眼接受棋王賜弈，望閣下見諒。」

鬼才棋王微微一笑，說：「鄙人自出道以來，只求一敗，幾年來卻難以如願。現我已置下良田百頃，豪宅幾座。此三局籌碼，說多不多，說少不少。它一旦易主，不知道對您意味著什麼，還請三思啊！」

老人說：「老朽已是土埋脖子之人，對名利早已了無牽掛。今能與棋王對弈，只求一樂。不過，老朽下棋時有一怪癖，會偶爾摸摸棋盤上的棋子，不知棋王能接納否？」

鬼才棋王不屑地冷笑道：「我的怪癖比你還多，舉棋不悔即可，一切隨你！」

老人說：「謝謝棋王寬懷，多多擔待！」

對弈開始。老人雖然看不見棋盤上的棋子和形勢，卻不用隨從提醒，僅憑落子的聲音，就能準確判斷出對方如何落子。鬼才棋王落子之後，老人不假任何思索，隨即跟上，空閒時，還用手指不時地輕輕地觸摸著棋盤上自己和對方的棋子。

老人猶如聖古時代的姜子牙，手持打神鞭，氣定神閑，占點佈局，看似隨意，卻暗藏殺機。

在老人出神入化的佈局之中，鬼才棋王顯得手忙腳亂，以往的下棋習慣盡失，昔日風采一掃而光。結果首局棋王中盤便投子認輸，這是在場所有人始料未及的。第二局、第三局，鬼才棋王雖然總結失敗教訓，不再輕視對手，下得小心謹慎，但最終還是以三局全敗告負。

鬼才棋王自愧不如，在奉上對等的籌碼之後，轉身衝衝離去。

盲眼老人三局輕鬆完勝對於京城棋界高手無解的鬼才棋王，讓他們不得不對老人佩服得五體投地。

他們齊聚老人下榻的客棧，再三懇請老人賜教一二。

我們看見陰影，是因為背朝陽光。
只要我們轉過身，就能面向太陽。

老人說：「鬼才棋王的棋藝造詣確實深不可測，但還沒有達到讓你我無解的地步。我的棋技，與在座各位只在伯仲之間，甚至在各位之下。」

有人質疑老人的話：「我對鬼才棋王棋路研究不可謂不透，但與之對弈時，卻從無勝績。作為雙眼失明之人，如果你的棋藝不在我之上，怎能連勝棋王三局？」

老人呵呵一笑：「這位爺，你已經說出我贏棋的奧妙了。你與鬼才棋王對弈，不是輸在棋藝上，而是輸在你的心明眼亮上。你的心思不在棋盤之上，而在他的身上，豈有不輸之理？我眼盲心淨，不想其名，不慮其技，不看其眼，不思其舉，不受與棋無關之事干擾，贏棋自然在情理之中！」

老人如此一說，諸高手恍然大悟。他們在與鬼才棋王對弈之前，已怯其名，已懼其技，已畏其神；對弈之時，看到他氣定神閑，鎮靜自若，勝券在握的樣子，他們便認為此局必輸無疑。即使棋王下出昏招，他們也懷疑是他故意佈下的陷阱，不敢趁機剿殺；一旦被動，他們便心浮氣躁，手忙腳亂，急於放棄。

他們輸棋，不是輸在技不如人，而是輸在迷信別人，不忠於自己。

我們處事時，也會不自覺地受對方的社會地位、聲譽、身份和身價干擾，進而失去準確的判斷和應有的堅持，導致我們輕易放棄自己的原則和底線，故而時常忽略自己追求的目標。

譬如，兩個人與我們談生意，一個開名貴汽車來，一個騎自行車來，我們給出的條件往往不同，即使是讓他們做同一件事。

二〇一〇年，在美國NBA中，華裔菜鳥球員林書豪上演〇・五秒內絕殺暴龍隊，率隊取得六連勝，在一周之內，曾經飽受質疑的他，成為震驚世界的「林來瘋」，全美的偶像。

黃皮膚、黑頭髮的華裔林書豪，由於身體素質一般，身高體重一般，在大學時代，沒有一所真正的籃球名校願意接收他，因此他沒有像其他著名球星在NCAA的經歷和證明。進入NBA之後，他的自身條件、籃球智商飽受出色的球探、眼光毒辣的教練、經驗豐富的總經理質疑，認為給他在球隊坐板凳的機會都是奢侈的。

林書豪相繼被勇士隊、火箭隊裁掉。即使進入尼克隊，他也是扮演跑龍套的角色，時刻面臨被裁掉的危險。

林書豪每天都參加球隊的訓練，每天都出現在隊友、教練的眼皮底下，但是沒有一個人相信他能給球隊帶來幫助。

面對這些行家接連的否定、隊友不屑的眼神、隨時被裁掉的危險、年薪不及隊友年薪的零頭時，林書豪均選擇視而不見。他把所有的注意力全部集中在訓練上，集中在籃球上，哪怕他很難獲得一秒鐘的上場時間。

也許再過一天，林書豪就要與ＮＢＡ的賽場說再見了。球隊兩位當家球星因個人原因不能出戰時，無人可用的教練把林書豪派上場，結果他抓住機會，給紐約人製造了驚喜，並且接連書寫勵志奇蹟。即使面對籃球金童盧比奧、戰神科比時，他也用近乎瘋狂的表現拯救紐約尼克隊，同時也在拯救自己。

Hardwood Paroxysm網站專欄作者Danny Chau面對此時的林書豪，給出準確的評價：如果說林書豪證明了什麼，那就是忠於自己是多麼的重要。

不斷製造奇蹟的林書豪，只忠於自己，他不在乎權威審視他的目光和不負責任的預見，不論他們是專業的總經理還是職業球探，不論面對籃球金童還是戰神科比，他的注意力只集中在比賽中、籃球上。

因此，他受到了「上帝的眷顧」。

不對，也許他就是自己的上帝。

我們反思一下，不論面對何人，處在何方，自己是否時刻忠於自己，時刻把注意力全部集中在正在做的事情上？肯定沒有！上帝沒有眷顧我們，僅僅是因為我們對自己都不忠實，連自己都不相信！

既自卑、自負又不自信，是我們行為處事的通病。因為教育理念上的缺欠，因為成長背景的惡化，使我們從不敢專注於自己想要什麼，卻過多關注別人怎麼評價自己的所作所為。

面對競爭對手，我們會習慣性地考慮自己的短板、對方的長處，總覺得自己不行。不是對手有多強大，而是我們從未自信；面對眼前的困難，從不積極主動地需求解決辦法，而是願意接受別人不負責任的分析和判斷。

同一個問題，從不同的角度看，就會得出完全不同的結論。對於同一件事，每個人都有不同的利益訴求。沒有一個人，知道我們內心真實的需要；沒有一個人，能比我們瞭解自己；沒

我們看見陰影，是因為背朝陽光。
只要我們轉過身，就能面向太陽。

有一個人，能為我們的選擇結果埋單。

凡事無絕對，信佛都不如信己，沒有人能準確預見我們的將來。已經長大的我們，不再是過河的小馬，必須時刻忠於自己的內心真實需要，把注意力集中在自己追求的目標上。

只有這樣，我們才會輸了無怨、贏了坦然。

第三章：假設我們覺得自己很失敗

我們看見陰影，是因為背朝陽光。只要我們轉過身，就能面向太陽。

我們看見陰影，是因為背朝陽光。
只要我們轉過身，就能面向太陽。

誰都是被上帝咬過一口的蘋果

當我們使用「蘋果」系列產品iPad、iPhone時，肯定會想到一個人——史蒂夫・賈伯斯。

賈伯斯是麥金塔電腦、iPod、iTunes、iPad、iPhone等知名數位產品的締造者，他憑敏銳的觸覺、過人的智慧和對產品完美的追求，勇於變革，不斷創新，引領全球資訊科技和電子產品的潮流，把高科技、複雜、昂貴的電子產品，變得簡約化、平民化，變為現代普通人生活的一部分，徹底地改變了現代人的通訊、娛樂乃至生活的方式。

二〇一一年十月五日，這位電腦業界與娛樂業界的標誌性人物、改變世界的天才、富可敵國的「蘋果教父」賈伯斯，卻因病逝世，享年五十六歲。

五十六歲的賈伯斯，不缺財富、不缺聲譽、不缺社會地位，世界上凡是有價格的東西，他都有能力擁有，他卻買不來健康。他的人生，就像他的「蘋果」產品商標一樣——不完整的蘋果。他缺失的那一口，就是健康。

我們總是習慣說缺一不可，但我們何時真正完整過、圓滿過？連上帝之子賈伯斯尚且都有如此的缺憾，何況我等連自己社會位置都難以改變的凡夫俗子呢？

每個人的生活，都是由出身、學歷、工作、財富、地位、身份、資源、能力、健康、房子、車子、婚姻、子女等拼圖拼接而成的一幅畫。我們從出生開始，就在不斷地尋找自己缺失的那些拼圖，力爭把自己人生這幅人畫拼得完整，乃至完美。

所以，從離開幼稚園開始，我們不是在尋找下一塊拼圖，就是行走在尋找下一塊拼圖的路上。

「蘋果教父」賈伯斯的人生拼圖，可謂塊塊完美，拼接得鬼斧神工，但他唯獨沒有找到健康那一塊。不是沒找到，而是根本就不存在。

我們從不認為，自己急需找到的那塊拼圖並不存在，而是被上帝藏在更隱蔽的地方。我們尋找的過程，就是摔打筋骨，磨練心智的過程。因此，我們一生尋覓，尋覓一生，無暇顧及已經擁有的拼圖，更沒有考慮它們認真拼接一下。

一塊塊拼圖，如果我們不花點心思認真拼一下，它們就是亂無章地堆放在一起的紙片，不但毫無美感可言，還會讓我們心生厭惡。

然而，我們習慣把厭惡的原因，歸結於缺失的那幾塊拼圖，認為正是由於缺少那幾塊，自己的人生之畫才會如此難看。

事實上，我們急於得到的那幾塊拼圖，也許只存在於別人的生活當中，在我們的命運範疇裏，根本不存在。

尋找於我們而言根本不存在的人生拼圖，只能讓我們像傻瓜一樣活得很苦悶。

每個人的生活，都像被上帝咬過一口的蘋果。我們從什麼角度審視自己手中的蘋果，就決定我們活得像驢一樣辛苦，還是像豬一樣快樂。

土耳其有一位赫赫有名的農場主，名叫薩班哲，他旗下的莊園以及產業，遍佈土耳其各地。在土耳其任何一家商場裏，以他姓氏字母「ＳＡ」為標誌的產品隨處可見。

土耳其人提到薩班哲，就像香港人提到李嘉誠、臺灣人提到郭台銘一樣，愛慕其才華，羨慕其財富，仰慕其地位。

但是，薩班哲的人生拼圖，也像賈伯斯一樣缺失一塊。即使動用他所有的財富，耗費掉他所有的精力和心力，都無法找到那塊拼圖。他的命運，也是被上帝咬過一口的蘋果，註定不可能完美。

這位似乎什麼都不缺的超級富豪育有一兒一女。不幸的是，他這雙兒女都是弱智，生活都不能自理。

在我們看來，孩子是父母奮鬥的支撐、精神的寄託。弱智、生活不能自理的親生兒女，對任何父母都是致命的打擊。作為父親，攤上這樣的兒女，薩班哲也有寒徹肺腑的感受，但他意識到，他缺失的這塊拼圖，在這個世界上根本不存在。所以，他沒有把精力、財富花在尋找拼圖上，而是用在尋找彌補缺失的辦法上。

薩班哲供養了一批土耳其頂級漫畫家。在閒暇之餘，他坐在一間豪華的大廳裏，讓這群漫畫家隨心所欲地畫他的肖像漫畫。要求是：誰能把他身上的醜陋之處表現得淋漓盡致，惟妙惟肖，誰就能獲得一筆豐厚的獎金。

我們看見陰影，是因為背朝陽光。
只要我們轉過身，就能面向太陽。

結果可想而知，這些擁有超級想像力的漫畫家，為了得到那筆誘人的獎金，把薩班哲身上所有醜陋之處，都無限地放大和誇張。畫中的薩班哲，醜陋不堪，慘不忍睹。

薩班哲把這些畫掛在大廳的牆上，只要有時間，他就會認真欣賞每幅畫中的自己。看到身上有諸多缺點的自己，他覺得很快樂，因為他看到了隱藏在美酒、鮮花、掌聲、讚譽背後的自己。

很多人把薩班哲這種近乎自虐的行為視為怪癖。他要想看自己，完全可以買一面與他個子等高的鏡子放在臥室裏，隨時可以一覽無餘地審視自己，根本沒必要養花高薪養一群只會詆毀他的畫家。

薩班哲不為這些議論所動，他依然供養著那群漫畫家，依然讓他們無限制地放大自己身上的缺點，依然執迷地欣賞著最醜陋的自己。

在欣賞醜陋自己的過程中，薩班哲漸漸地接受了自己人生拼圖的不完整，並愛上了存在諸多敗筆的生活。

能接受多少不完美，我們的生活就有多完美。追求是一種境界，接受也是一種境界。求而不得，還不接受，只能使我們的內心失衡，行為偏激，最後往往是害人害己，貽誤終生。

譬如，我們月收入只有幾萬塊錢，因為厭倦了家裏的「黃臉婆」，包養了一個「人肉刷卡機」式的美女，結果肯定是身敗名裂，妻離子散。

世界上最難瞭解的人，恐怕還是自己。我們只惦記還能得到多少，卻從未想過自己能掌控多少。錢與權力是好東西，但每個人對其的掌控能力卻不同。李嘉誠擁有幾百億資產依然淡定如舊，西門慶擁有一個藥鋪和幾座莊園，就已經把壞事做絕。

這個世界上，讓我們夢寐以求的東西確實有很多，它們充滿著令我們難以抗拒的誘惑。金錢、職位、權力、美女、豪宅、名車，都會讓我們趨之若鶩，進而使我們始終生活在戰車上，一直處於臨戰狀態。

好戰，不是不可以，但我們在開戰之前，一定要弄清楚為誰而戰、憑啥去戰。贏，我們會贏得什麼；輸，又能輸掉什麼。如果僅僅是為了那塊根本不存在的拼圖，不戰也罷。總有一個戰場，是我們的麥城；總有一場戰鬥，我們會成為俘虜。打不贏還要打，破財、受傷、送命、殃及家人，我們必選其一。

我們看見陰影，是因為背朝陽光。
只要我們轉過身，就能面向太陽。

能與不能是一回事，值與不值是另一回事。做自己能做的事，做值得付出的事，這是我們必須明白的道理。

即便我們現在已經很富有，如果再為了自己缺失的幾塊拼圖，為了找到上帝嘴裏那一口蘋果，把自己逼成活在路上的饑民、不知為啥而戰的武裝分子，既可憐，有可悲。

如果因為找不到被上帝咬掉的那口蘋果，使我們的內心永遠處於貧窮狀態，那麼，我們將置身永遠不快樂的境地，這是很危險的。

找回漸漸迷失的激情

一個朋友在高中時，曾經在市運動會一五〇〇米跑步中，創造了三分五四秒的成績，他憑藉此成績，進了一所大學的田徑隊。

那時，他覺得自己很年輕，具有過人的中長跑天賦，認為自己只要經過科學的訓練，一定會跑進三分三八秒，成為健將級運動員，還可能在全運會、亞運會、甚至是奧運會上獲得獎牌。

在大學裏，他訓練很刻苦，並跑出三分四七秒的好成績。遺憾的是，以後無論他如何努力，成績都未曾提高，在全運會上也未能獲得過好名次。

一次次參加比賽，一次次被淘汰，他開始懷疑自己的潛力，認為自己的一切努力都是徒勞。在苦悶和失意中，他逐漸地對中長跑失去了激情和熱愛，厭倦了他的最初選擇，放棄了

我們看見陰影，是因為背朝陽光。
只要我們轉過身，就能面向太陽。

最初的夢想，開始抽煙酗酒，迷戀網路遊戲，不再參加訓練和比賽。現在，他已經被淹沒在茫茫的人海之中，平庸地過著平凡的日子。

幾經奮鬥、幾經挫折的我們，是不是也像他一樣？我們為了位子、房子、車子奮鬥拼搏過；為了改變命運、出人頭地、發財致富努力經營過，但是因為自己的膽識、能力、資源、人脈有限，運氣差一點兒，選擇錯一點兒，機會丟一點兒，便使我們的社會位置不上不下，日子過得不窮不富，聲名落得不好不壞。

有一份工作，收入不高不低，留之沒勁棄之可惜；有一些存款，說多不多說少不少，因為缺少安全感，不敢投資不敢消費，眼睜睜地看著它在銀行裏漸漸貶值；有一間房子，說大不大說小不小，雖然逐年增值，卻是紙面上的數字遊戲；有幾個朋友，偶爾小聚，談感情傷錢，談錢傷感情，只能吃吃喝喝，彼此比較對照，羨慕並嫉妒著；一個難以割捨的理想，想著輝煌，做之無力，它總是被別人實現，自己充當無聊的看客，或者免費的傳播人。

我們不是沒有理想，卻在嚴峻的現實逼迫下選擇了放棄；我們不是沒有付出，而是付出後收穫的是傷痕累累；我們不是沒有改變命運的決心，而那些決心化作了南牆上的傷心。

一次次的挫折和失敗，一次次努力過後的失望和失意，就像一塊塊巨大的磨刀石，磨掉我們身上所有的鋒芒和棱角，讓我們認輸認命，讓我們龜縮在別人或者自己編織的藩籬之中，對生活、未來失去改變的勇氣。

隨著歲月的流逝，我們對生活是不是都有這樣的感覺？生活程式化，工作模式化，社交圈子固定化，判斷思維公式化，接受能力退步化，總之，越來越覺得自己活得不像話。

我們的現狀是：腳不著地，心總是懸著，眼睛盯著別人的擁有，血液越來越冷，感知越來越麻木，嫉妒別人無所不能，懷疑自己一無是處，不知足卻無能為力。

我們失去了二十幾歲的無知無畏精神，做一件事情，先算計一旦失敗名利上遭受的損失；面對一個不熟悉的人，我們習慣質疑他接近我們的目的，他為什麼這樣做的動機，要從我們這裏得到什麼；經過一段時間的努力，收穫不甚理想，不從自身找原因，卻從他人那裏找藉口，安慰自己說這就是命，人不能與命爭。

每一天，普照人類幾十億年的太陽依舊從東方升起，我們從睡了十幾年的床上爬起來，走進用了十幾年未變的洗手間，洗我們未老先衰的臉，刷我們永遠刷不淨的牙，然後打開跨過幾萬遍的門，走下走了十幾年也不知有多少層的樓梯，發動不好意思說出牌子的汽車，到十幾年都沒有挪動的辦公桌前，做十幾年也沒有做完的同樣的事情。

晚上五點鐘，我們又順著原路回家，把上班的路重走一遍。開門、做飯、吃飯、看電視、上網、睡覺，這些就像輸入電腦的程式一樣。這就是我們一天的全部，也是我們一年的全部。

生活就像一塊口香糖，經過我們十幾年不停地咀嚼，最終只剩下令人噁心的味道；工作就像一把茶葉，放在大水壺裏又煮又泡，最終既沒有色彩也沒有香味；歲月就像一本被翻看了八百六十遍的小說，情節、故事、文字都失去了原有的魅力。

我們似乎不缺少什麼，但又不曾擁有什麼，活得蒼白、沒勁和無奈。我們一直提醒自己不能這樣下去，事實上卻一直在重複和複製昨天的日子。

我們為什麼會這樣，明知道不好卻不去改變？答案只有一個——我們對生活失去了激情，恨多於愛，或者自己在無力改變的現實面前，繳械投降認輸。對生活和工作失去激情的我們，形同行屍走肉，被時間打發的奴隸。

我們尚未老去，既然心有不甘，那麼就算是為了自己，再也不能這樣活，再也不能這樣過。即使我們不能達到別人人生的高度，也要保持對生活的激情和熱愛，活出屬於自己的快樂和精彩。我們已經被動地來到這個世界，就不要再被動地接受命運的安排。

活力四射地過一天，是一天；死氣沉沉地過一天，也是一天。至於怎麼過，都是我們自己的選擇。時間過得很快，但日子還很長。誰也不知道明天會發生什麼，我們為什麼廉價地評估自己呢？只要我們對生活滿懷激情，就會珍惜已經擁有的一切，努力追求未曾實現的夢想，不論結果如何，都會會比現在活得充實，最起碼我們不會後悔。即使遭遇不是自己製造的不幸與苦難，我們也會樂觀地接受，並對自己說，這是上帝考驗我們的堅韌和膽識，他又給我們一次證明自己的機會。

激情，是世界上唯一能在我們意志消沉、心靈飽受折磨之時，給我們疲憊的神經補充正能量的東西，能讓我們坦然面對自己的得與失、榮與辱。

面對無法改變的世界，我們感覺對什麼都提不起興趣、總是被每日的重複和煩瑣折磨得疲憊不堪時，一定要明白自己往日對生活的激情在哪裡，找到它，讓它幫助自己重新振作起

我們看見陰影，是因為背朝陽光。
只要我們轉過身，就能面向太陽。

來。

看到他人的成功，不比較，不計較，不要因此打亂自己的生活節奏。每天早上，無論多忙，我們都要儘量抽出一點時間給自己。利用這點時間鍛煉身體，讀一些激勵或鼓舞人心的書刊。然後，告訴自己，這一天對自己的一生很重要。它是一個新的開始。

我們時刻提醒自己，昨天的傷心、恐懼、苦惱和鬱悶，是因為我們努力不夠，或者方向不對，一切都可以從頭再來。只要我們不拋棄自己，不放棄追求，一切都可以改變，最起碼不會比現在差，因為我們對自己有信心，對生活有激情，這一點就足夠。激情是一位很偉大的患難伴侶——如果我們失去激情，活著也是死了。

只要我們激情依舊，就不會有真正的失去。不論二十歲，還是九十歲；不論貧窮，還是富有；不論高貴，還是卑微，我們都會充滿活力，坦然地接受和面對迎面而來的幸與不幸。

當然，我們還會作一些錯誤的選擇，承受一些意想不到的傷害。那時，我們應該積極調整、放鬆自己，回憶錯誤從開始到結束的點點滴滴，從自身找原因。

這樣做，是對自己非常有益的引導，也是醫治創傷的極好辦法——它確實能夠擊敗世界上任何一種消極情緒。這一天，不論發生什麼事情，或者已經發生什麼事情，都會把我們帶進一個奇妙的思想境界之中。

不得不承認，面對一些事與願違的結果，我們似乎更願意把自己陷入焦灼無緒之中。但是，我們不能在此久駐，馬上以強制的手段趕走那些消極的東西，不允許它們進入我們的內心世界。不幸的是，面對社會上無比強大而又複雜的壞人和壞事，我們沒有任何選擇的權利──誰都也沒有。很多壞人和壞事，無論我們的承受能力如何，也只能面對，哪怕我們已經脆弱得不堪一擊。即使如此，在壞人和壞事剝奪我們一切時，我們仍可以保留對生活、對未來的激情。因為，無論壞人怎麼壞，壞事怎麼糟，都不能剝奪我們的激情。激情，是與我們生命同在的，它是我們生活數字中的「一」，有了這個「一」，一切都可以重來。

只要激情還在，無論何時、何地、何事，我們都會確信，自己都能處理好放在餐桌上的菜，無論我們的胃口如何。

如果我們感覺自己心無力，那麼現在立即且必須要做的事，就是立即找回漸漸迷失的激情，讓它時刻與我們同在。

驢子和狗，是我們必須扮演的角色

經常聽到年輕人抱怨：我為什麼必須像狗一樣被呼來喝去，像驢子一樣勞作苦幹，卻又要像猴子一樣被人戲耍？

答案很簡單，因為我們選擇了做人——做一個社會人。我們經歷的和將要經歷的，都是我們的選擇。做什麼樣的選擇，就註定我們要擁有什麼樣的生活。

傳說上帝造出人間後，決定再給人間造出驢子、狗、猴子和人。

製出驢子後，上帝對它說：「你的名字叫驢子，很蠢很笨。你去人間之後，負責的工作是從早到晚推碾子拉磨，有時候還要馱物拉車、供人騎乘。你吃的是雜草，住的是四面透風的草棚。你的壽命是五十年。」

驢子聽後絕望了，對上帝說：「這樣的生活我一天也不想過，五十年太久了。既然命運已經註定，我求求你，讓我早點結束這麼的生活吧！」

上帝答應了，給驢子二十年的壽命。

製造出狗後，上帝對它說：「你的名字叫狗，有一定的靈性。你去人間之後，負責的工作是為主人看家護院，玩耍打獵，隨時被主人呼來喝去，打罵責罰。你住什麼地方，看主人的安排；你吃什麼，由主人決定。你的壽命是二十五年。」

狗聽後很失望，對上帝說：「我的生活都不能由自己決定，這樣任人擺佈的生活，我充其量能堅持十年。」

上帝也答應了，給狗十年壽命。

製造出猴子後，上帝對它說：「你的名字叫猴子，比其他動物聰明一些。你到人間去，沒什麼正經工作和固定住所，也沒人保護你。你既要耐得住冬天的嚴寒，也要經得起夏日的炎熱。你要想吃喝不愁的話，只能跟著人類混社會，有可能被他們圈起來供人欣賞，也有可能被他們訓練成取悅別人的工具。你的壽命是二十年。」

猴子聽罷一臉苦色：「仁慈的上帝啊，這樣的日子還讓我過二十年啊？求求你饒了我吧，給我一半時間就足夠了！」

上帝也答應了猴子的請求，給它十年的壽命。

最後，上帝製造出人，告訴他：「你的名字叫人，是人間智商最高的高級動物，所以你必須理性地生活在世上。人間所有財富均供你支配，所有能吃的東西，你都可以吃，只要你願意。你在人間生活的時間是二十年。」

所有的財富都由自己支配，能吃所有的好東西，這樣的日子只有二十年，太短了！於是，人祈求上帝：「萬能的上帝啊，二十年對於我來說太短了，您將驢子扔下的三十年、狗不要的十五年和猴子拒絕的十年，都賜予我好嗎？」

上帝毫不猶疑地答應了人的請求。

所以，人活在世間的七十年中，就不可避免地像狗一樣被呼來喝去、像驢子一樣勞作苦幹，卻又要像猴子一樣被戲耍。

這個故事告訴我們，我們活得像狗、像驢子，像猴子，就是不像人，其實都是我們自己的選擇。我們選擇了這樣的社會角色，選擇了這樣的活法。

譬如，我們為了生存需要的幾斗稻米，不得不在齷齪的上司面前，違心地做一條狗，被他呼來喝去；為了在一個城市裏安身，買下一間小房子，驢子似地苦幹十幾年；為了能讓女朋友嫁給自己，甘心被她像猴子似地耍來耍去；為了……

一個個沒完沒了的為了，讓我們不停地扮演著別人安排的、自己選擇的各種角色。我們能不能拒絕，理論上可以，事實上根本做不到。

很多人會說，我討厭這樣的活法，這不是我想要的生活。試問，作為社會人，脫離自己的生活圈子有多難？二十歲我們可以像鴕鳥一樣跳來跳去，不滿意就揮一揮手；四十歲，我們真的能做到那樣了無牽掛嗎？

在熟人社會裏，本來簡單的生活被附加上各種概念，因為熟人的關注和比較，我們不得不成為一個戰士，在挑戰別人的同時也接受別人的挑戰。

當然，我們完全可以不做這樣的選擇。但是，這就意味著放棄我們的責任和擔當。我們可以一個人當驢子，但絕對不是為了一個人當驢子。我們不能成為親人、朋友的驕傲，也不能成為他們的恥辱和負累吧？

我們作為社會人，在社會的叢林中遊走，不可能孤立地存在。幾千年延續下來的熟人社會，似乎沒有發生質的改變。簡單的、健康的契約社會，是我們的夢想，需要經過幾代人、十幾代人不懈努力才能完成。

最麻煩的是，我們渴望契約社會簡單的同時，卻在熟人社會之中扮演一個個社會角色。每一個社會角色，都附加一份責任和擔當，不得不接受各個方面的強加。

活在熟人社會是很累的。我們的一言一行，一舉一動，都會受到或多或少的人關注與評價。他們對我們的評價和議論，並沒有具體的標準，而是根據我們所言之語、所做之事，給他們帶來什麼。即使這些與他們無關，他們也會根據自己為人處事的標準給出不同的評價。

不得不承認，我們一直活在別人的審視下、評價中，一直在做別人眼中最好的自己（聽話、服從的驢子和狗），而不是真實的自己（按自己的個性做事情）。

在各種框框的制約下，我們不能像孩童那樣，可以憑著自己的脾氣對自己不滿意的人或事，簡單地說不。因為那時我們讀不懂別人的臉色，對別人不用承擔義務，無知無畏，滿足自己的需要是第一位的。

走入社會，上有老下有小的我們，想按自己的個性做事會更難。因為我們不僅僅為自己活著。我們任何一個角色的選擇，都會影響到幾個人、甚至十幾個人的利益。感情、責任、聲譽、利益、地位、角色等一系列訴求，都會讓我們不得不放棄很多。

儘管做出的選擇，在人生最後一刻，我們可能會悔不當初。但是，如果允許人生重新來說，我們依然會做同樣的選擇。為了愛我們的人和我們愛的人，我們不得不痛苦地放棄、再放棄，犧牲、再犧牲。即使我們有一千個一萬個不情願，也必須去扮演驢子和狗。這是生活的一部分。

對此，我們可以抱怨嗎？可以；我們可以詛咒嗎？可以；我們可以拒絕嗎？可以；前提條件是，我們要有強大的賭性。

既然我們沒有強大的賭性，暫時還沒有勇氣放棄，那就坦然接受驢子、狗的角色吧！

既然我們不想造反，就不要把射不出子彈的槍口對準掌握重武器的對手，否則後果將相當的嚴重。

忽略上半場，專注下半場

如果把人生比作一場籃球賽的話，那麼三十歲前是上半場，三十歲後是下半場。

一些人上半場打得好，比如少年成名那些人；一些人下半場打得好，比如大器晚成那些人。只有少之又少的人，上下半場打得都好，他們都獲得了人生總冠軍。

少年成名，需要過人的天賦、可遇不可求的機遇和非常有力的推手，三者不可或缺；大器晚成的人，一般都是資質一般，但在一個方向上執著追求、鍥而不捨、堅忍不拔，最終否極泰來；獲得人生總冠軍的人，都是在正確的時間遇到正確的人，在該做事的時候做了正確的事，沒有犯過任何錯誤。

世界上九八%的人，都是普通平凡的人，我們極有可能就是其中的一分子。我們在人生的上半場經不起誘惑下錯了賭注，耐不住寂寞在錯誤的方向上跋涉，在人生上半場結束時，既未成家也未立業，不是得過且過就是隨波逐流，成為社會舞臺下面可有可無的看客。

人生的上半場打不好，是非常令人沮喪的。屢次投籃不中，或多次被對手攔截和火鍋，或多次被裁判無端吹罰，甚至被驅除出場剝奪參賽權利，都是對我們獲得比賽勝利的信心的一種扼殺，對我們掌控比賽能力的一種否定。

這種扼殺和否定，會讓我們對自己失望，甚至是絕望。生活中的大部分，之所以從平凡到平庸、從失落到墮落，莫不因為如此。

其實，不論我們在人生的上半場遭遇如何、境遇如何，都已經成為過去時。對此，我們只有忽略和忘記，因為我們還有人生的下半場比賽。只要我們在下半場比賽時更專注、更有耐心，自己不犯錯誤，把應該投入的球全部投入籃框，把不該投入的球盡可能的投入籃框，那麼我們極有可能贏得人生比賽的勝利。

有一句話是這樣說的：中年比較憂鬱，是因為有所悟！只要我們在中場休息時，總結上半場失敗的教訓，深刻反省自己的錯誤，並下決心予以糾正，對勝利充滿渴望，對比賽充滿激情，一切都可以推倒重來的。

要想贏得人生下半場的比賽，有三個關鍵要素，缺一不可：一、徹底忽略上半場的狼狽；二、中場進行深刻的反思；三、下半場的比賽中非常專注。

史上把這三點做到極致的，應屬康熙的皇十三子允祥。

允祥生在帝王之家，自幼接受過系統教育，經過勤奮刻苦的學習，他才華橫溢，能文能詩，書畫俱佳。他還繼承了滿洲人的傳統技藝，拳腳弓馬樣樣精通。有一次他陪伴父皇出巡狩獵，一隻猛虎突然出現在他們面前。允祥異常冷靜，手刃猛虎，由此可見他膽識過人。

就是這樣一個文武雙全的治國良才，前半生卻是厄運連連。康熙第一次冊封皇子時，允祥十三歲，不夠冊封資格；第二次冊封皇子時，允祥二十四歲，比他小兩歲的允禎都受到冊封，他依然兩手空空。

冊封有四大好處：一、擁有自己的府宅，獨立門戶；二、獲得二十三萬兩的安家費；三、前六年獲得大內支給生活用品；四、按品級獲得地產和人丁。

允祥得不到冊封，自然也就得不到這些好處。

這還不是最倒楣的事情。在皇權與儲權鬥爭過程中，太子允礽落敗，被康熙罷黜太子位。各位皇子也因奪嫡捲入其中。康熙盛怒之下，圈禁了皇太子、皇長子、皇三子、皇四子、皇五子、皇八子和允祥。兩個月後，康熙以身體不好為由，除皇長子和允祥之外，其他皇子都被放出。

允祥四十五歲去世。他被囚禁時二十三歲，一無封爵，二無官職，僅是一個可有可無的閒散皇子。被囚禁之後，他的行動、社交的自由都被剝奪，生活在與世隔絕的狹小的庭院裏，直到三十六歲解禁時，他整整度過十三年的孤獨歲月，連圍觀別人的資格和機會都沒有。不得不說，他短暫人生上半場幾乎完敗。

遠離政治十三年的皇子允祥，在少人關心少人問的院子裏，對官場的實質、政局的本相、皇帝的本性、自己的弱點進行了深刻的反思；對功名利祿的更替、成敗得失的轉化、好壞禍福的隱顯，均進行深刻的參悟。

雍正即位之後，允祥時來運轉，從連爵位都沒有的閒散皇子，一下子成為一人之下、萬人之上的權貴，獲得了最高的爵位——怡親王；獲得了最大的權力——位居四大總理大臣之首，皇帝最信任的人。

允許人生的下半場，可謂占盡天時、地利、人和、勢力、實力與好運。可以說，除了雍正皇帝之外，他可以成為全國最有權勢的人，可以成為全國最富有的人。但是，經歷過人生上半場慘敗的他，更專注下半場比賽中的任何一個細節，絲毫不敢大意。

一、他被封親王之後，按慣例應得到二十三萬兩白銀，但他婉言拒絕不受。實在推辭不掉，只接受十三萬兩。他主管全國財政，經手錢糧無算，只要稍有動作，就會撈得數億財富。但是他卻力求節儉，嚴以律己，公私分明，不貪不占，真正做到了克己奉公、廉潔自好。

二、他既忠於皇帝，忠於國家，又兼顧百姓利益。在雍正即位時，因為吏治癱瘓，腐敗成風，導致國庫空虛，錢糧匱乏，民怨沸騰。為了肅清吏治、追索虧空，限制各級官員隨意攤派。他寧可背負各種罵名，也要恪盡職守，秉公辦事，不殉私情，視國家利益高於一切。

三、任人唯賢，積極推薦優秀人才。即使皇帝不瞭解，甚至視為異黨的人，只要人品好，能力強，他都極力推薦，為雍正發掘一批能擔大任的能臣。

四、他主持審理大案要案數十起，從不以個人好惡擅自妄斷，刑訊逼供，而是堅持公正、公平、公開的原則，重事實，講證據，審判結果讓原告、被告均心服口服。

五、直到去世，他一直是皇帝的大管家和侍衛長，總理軍政經費要務的重臣。他輔政八年，兢兢業業，勤奮不息，不僅有功不傲，而且功勞越大越謙卑，贏得上下級的一直尊重和好評，成為德才兼備的賢明大臣的典範。

可以說，人生上半場絕對失敗、失意的允祥，人生下半場是絕對完勝、完美的。

同樣身為雍正皇帝的心腹重臣的年羹堯、隆科多，他們人生的下半場卻是淒涼、慘澹的。最重要的原因，他們在下半場的比賽中，一直沉迷於上半場的大比分勝利。既得意忘形，又忘乎所以。既看不見對手，也不尊重自己，更忽略了裁判的存在。

他山之石，可以攻玉。讀歷史的最大的好處，就是能幫助我們對身邊的人和事，能輕而易舉地看到其本質。

如果我們上半場打得好，譬如和同齡人相比，我們獲得名校的高學歷，擁有過人的解決問題的能力，畢業後進入世界五〇〇強企業並獲得滿意的位置，賺高薪住豪宅開名車，與一切和「貸」字有關的字眼不沾邊，消費隨心情，花錢憑感覺。如果這樣，我們在人生的上半場已經大比分領先同齡人，成為名副其實的「高富帥」，絕對值得感謝父母感謝感謝上蒼感謝自己。

我們在父母的助力下，或者自己的努力下，進入企業重要部門，並得到老闆的賞識和大力提攜，一路順暢晉升。如果是這樣，我們就已經為獲得比賽的勝利奠定了堅持的基礎。只要不站錯隊伍，不跟錯人，不犯嚴重的錯誤，在人生的上半場基本解決了人生所有問題，絕對值得感謝政府，因為我們老有所養，老有所依。

如果我們在三十歲之前，能成為上述兩種人，那麼人生的上半場與同齡人相比，已經取得了壓倒性的勝利。我們下半場唯一要做的，就是珍惜且珍惜，經得起誘惑，以感恩的心態感謝應該感謝的組織和個人。

如果我們人生上半場慘敗，可能因為自己準備不充分，或者是自身能力確實有限。但總的來說，還是因為我們對這個社會悟不穿、對身邊的人看不穿。更主要的是，我們對自己的瞭解確實不夠。

據說，每個人一生都有五次機會，把握住一個，便可以改變命運。根據社會現狀分析，這五個機會應該是：一、零歲的出生；二、十八歲考學；三、大學畢業入行；四、三十五歲蛻變；四十五歲上一個臺階。

因為不是聖人，不是智者，我們人生的上半場因缺少運氣、錯失機會，進而完敗並不可恥，因為我們生來就是在錯誤中走向成熟、成功的。但是，如果我們在失敗之後不剖析自己、不解讀自己所在的時代、不分析自己上半場失敗的原因，然後進行有針對地調整和改變，抓住人生最後兩個機會中的一個，就會贏得下半場的勝利。否則，我們的後半生註定徹底失敗收場。

我們看見陰影，是因為背朝陽光。
只要我們轉過身，就能面向太陽。

放下，具有恐怖的力量

彈指一揮間，我們來到人生不知道第幾塊的里程碑前，不管主動還是被動，想或者不想。

我們為了一個個符號和概念，一路小心謹慎、忍辱負重地活下來，把失意的符號掩藏，把得意的符號舉過頭頂，為了活出一個樣子給別人瞧。

關於怎麼活著的符號和概念，都是別有用心之人為我們精心製造的。因為我們沒有弄明白自己為什麼活著，所以對其趨之若鶩，奉若神明。

為了別人滿意或者滿足，我們捧著自己曾經的過往，不敢放下，不想放下，無論我們厭倦的還是喜歡的。特別是面對以前跌倒摔出的傷疤，我們雖然將其緊緊裹於衣內，不敢正視，卻時刻用手觸摸。

來自戰場的英雄，誰的身上沒有傷疤？他們把傷疤視為功勳。我們的傷疤，不是來自戰場，而是來自對生活、對自己的誤判。那些失誤和失利，是暫時的、過去的，不代表我們的未來，更不能代表我們的一生。

我們習慣把自己過去得意的經歷，作為標籤貼在身上最顯著的位置，倍加珍惜，小心呵護。那些經歷，漸漸成為我們手裏的瓷器。我們害怕一不小心將之摔碎，於是只選擇平坦的大路而行。從此，我們不再有發現，也不再有驚喜，進而活在生存之上、生活之下。

敬愛的老師，親愛的父母，最關注的就是我們的記憶力，期盼我們過目不忘。一旦我們把什麼東西忘記，他們就會拎著我們的耳朵，批評我們是一個「沒有記性」的人。

經歷過得意或者失意的我們，不再是初入社會時那張白紙，在不經意間，已經被自己或他人有意或無心地塗抹成一幅劣畫、工藝畫、名畫，或者被蹂躪成一團佈滿各種細菌的衛生紙。

各種失意的、失敗的、自豪的、成功的經歷，塞滿我們行囊中的每個角落。我們把越來越大、越來越重的行囊，背在背上，放在心裏，步履蹣跚地負重前行。雖然我們也感覺身累、心累，卻未曾想過放下，而是固執地認為，這些前生註定要背負的東西，是我們自找的或者製造的，獨屬於自己，與他人無關。

我們是否想過，把人生比作一場籃球賽的話，在社會上奮鬥幾年或十幾年的我們，也該到了中場休息、調整時間，我們應該立即返回更衣室，而不是站在球場中央，看著大螢幕上已經固定的比分，得意或懊惱。

無論上半場比賽結果如何，都已是無法改變的事實。我們要做的，就是忘記它。對我們來說，下半場的二十四分鐘才是最重要的。

我們步入社會伊始，就像第一次到客場參加比賽。身為球員，我們受過一定級別的訓練，但從未參加過正式比賽。即使有，也是紙上談兵、沙盤推演，基本上屬於無經驗、無資本、無人脈的菜鳥級球員。我們知道自己有一天肯定會走上賽場，跟兇悍的對手比賽，但我們從未為戰勝對手做過充分的準備，因為不知道要準備什麼。即便我們時刻想成為科比那樣大神級別的球星。

陌生的場地、不太友好的觀眾、不公正的裁判、從未交過手的對手、比賽對抗的激烈程度，一切都超乎我們的想像。

幾個賽季下來，我們有幸成為健康的、高出場率、高年薪、高知名度的、像詹姆斯、霍華德那樣的全明星球員，自然值得感謝上帝的保佑。遺憾的是，即使我們有幸成為姚明、麥帝斯的出色球員，很可能因為受傷遠離賽場；也可能因為不符合教練戰術體系需要，成為球隊可有可無的人；還可能淪為板凳球員、替補球員、甚至交易的附屬品。

總之，我們走上賽場的第一天起，就註定會有不知道多少種的不可預知的結果等待我們，我們只能盡人力而聽天命。

在貴人的護佑或者自己的努力下，如果我們有幸能成為詹姆斯、霍華德的明星級的球員，手上戴著幾個總冠軍戒指，在感恩之餘，也要學會忘記過去的輝煌，忽略曾經取得的成績。理由是，我們要想繼續保持球場上的統治力，能左右比賽的核心球員，靠吃老本肯定是不行的。

能力越大，責任也就越大。我們和其他普通球員不一樣，場上、場下都需要我們有更多的擔當。我們身上承載著球隊、球迷的夢想。只要沒有奪冠，就必須接受合理與不合理的指責，即便每場都是五個人的比賽。

我們看見陰影，是因為背朝陽光。
只要我們轉過身，就能面向太陽。

在場下，我們是不同對手的研究對象。我們所有的技術特點，都會被對手掌握，了熟於心，並制定相應的限制我們的戰術，目的就是把我們的攻擊力降到最低，對球隊的幫助最小。

在場上，我們時刻都是對手重點盯防的對象，只要我們拿球，就會受到兩至三個人包夾，他們想盡辦法激惱我們，甚至不惜暴力犯規，目的只有一個，讓我們儘量少得分，甚至不得分。

心智逐漸成熟的我們，卻不再年輕，體力、精力大不如以前，已經不能像以前那樣，依靠力量和速度攻城拔寨。這時，我們最大的優勢就是比賽的經驗、閱讀比賽和掌控比賽節奏的能力，知道如何帶領球隊贏下比賽，而不是自己瘋狂地寫下記錄，以此證明自己才是球場上的主宰。平時訓練時，我們和年輕時不同的是，能確切地知道自己還缺什麼，如何科學地彌補自己的不足。所以，我們的訓練都是有針對性的，既想辦法彌補自己短板，更要讓自己的優勢無與倫比。其實，這時我們最可貴之處在於，能迅速忘記上一賽季的總冠軍，迅速忘記上一場戰勝誰。比賽，在我們眼中就是一場簡單而純粹的比賽，甚至就是在二十四秒內，如何合理地把球投入籃框的運動。不去想比賽的結果、球隊成績的排名，眼裏只有對手和隊友的位置，心裏想的就是籃框。無欲則剛。因為不想結果，過程就變得簡單和純粹。專注、耐心、冷靜、果斷的我們，會給對手更大的殺傷。

如果我們不符合教練戰術體系需要，成為球隊可有可無的人，淪為板凳球員、替補球員、甚至交易的附屬品，則更需要忘記——忘記自己現在的身份，忘記不賞識自己的教練、球場上的種種不如意，甚至忘記籃球。要麼尋求交易，要麼果斷退役，尋求更適合自己的工作。

一個籃球隊有十二名球員，五名主力，七名替補。我們打不上主力，原因是各個方面的。得分能力不強，防守意識薄弱，特點不符合球隊戰術需要，比賽態度不夠端正……總之，我們沒有理由成為五分之一，就有理由成為七分之一。

沒有一個教練不想贏得比賽。我們之所以坐在板凳上，就有坐在板凳上的原因。這時，我們要認真反思，自己為什麼會坐在這裏，而不是站在場上。

如果是技術、能力不夠，不能因為我們是替補球員，薪水不高、不受教練重視而放鬆、

我們看見陰影，是因為背朝陽光。
只要我們轉過身，就能面向太陽。

放縱，更不要怨天尤人，而是要徹底忘記替補身份，比主力更加踏實、刻苦地訓練，提高自己、能力和比賽素養，並時刻為上場比賽做好準備。

不論場上的比賽結果是大勢已去，還是勝券在握，只要教練允許我們上場，我們必須立即成為「微波爐」式球員，忘記在這場比賽中，我們打得好壞無關緊要，而應該當做總決賽一樣，科學合理地處理好每一個球，把自己最好的一面徹底呈現出來。我們的得分，可能對這場的比賽結果無關緊要，但對我們能否成為先發球員至關重要。

如果我們的能力確實屬於明星級球員，只因習慣打法不符合教練的需要而坐在板凳上，那麼，我們就主動請求老闆交易，把我們送到需要我們打球的球隊。我們沒球可打，只能使我們的能力下降、身價貶值。其實我們每個人都是職業球員，每天都在參加不同級別的比賽。既然生來就是職業球員，那麼，無論我們現在在球隊的位置如何，薪水高低，都應該把過去、甚至是昨天的事情忘卻，即使這對我們來說非常難，但為了下一場比賽的勝利，我們必須放下。

我們放不下過去，就拿不起將來。放下，具有恐怖的力量。

讓內心因淨而靜

一位頂級胸外科專家說，他與同行唯一不同的地方，就是他能在五秒鐘之內酣然入睡，醒後一分鐘內就能全神貫注地做手術。

一位得道高僧說，他與其他僧人唯一不同的地方，就是他吃飯的時候吃飯，睡覺的時候睡覺。

一位世界拳擊冠軍說，他與對手對峙時，眼裏只有對方的拳頭和自己要攻擊的部位，其他均聽不見看不見。

三位高人一語道出了他們之所以在業界內出類拔萃的原因——無論何時、何事與何地，他們都能保證自己的內心至純至淨，心無旁騖，不受其他人和事的干擾，專注於自己當下所做之事。

我們看見陰影，是因為背朝陽光。
只要我們轉過身，就能面向太陽。

這可能就是傳說中的境界！

我們步入社會之後，一直苦尋解決問題的方法、技巧和捷徑，希望獲得一招制敵、一勞永逸的絕招。事實上，事無常勢，水無常形，同一件事會因人因時不同而截然不同。世界上不存在同時能打開兩把鎖的鑰匙，劣質產品除外。

無論何種行業的頂級高手，拼到最後的絕對不是技能，而是境界。他們思想境界的高低，與內心是否至純至淨有關。

內心的至純至靜，會讓我們一心一意、實心實意地專注於自己的目標，不受外人外事左右，進而創造出他人意想不到的奇蹟。

奇蹟，在一個人身上絕對可以出現多次。有生以來，在我們身上沒有出現過一次，是因為我們內心裏與實現目標無關的牽掛、矛盾、恐懼過多。我們既耐不住寂寞，也經不起誘惑，經常見異思遷、常隨人後，不知自己所在何處，也不知自己要去何方。

我們現在得勢也好，失意也罷，都是自己前面各種選擇的綜合展現。這時，我們要想保持已經擁有的優勢，挽回漸顯漸露的劣勢，必須要做的，就是讓自己的內心因淨而靜，朝一個方向努力，專注於一件事，隨緣隨遇但不隨便。

我們保持這種狀態，確實很難，但不保持這種狀態，生活就會更難、更混亂，最後可能就是白天忙忙碌碌、渾渾噩噩，晚上憂心忡忡、恨意綿綿。

天不塌下來，我們不死，生活就得繼續。所以，我們有必要隨時清理內心深處積攢多年的垃圾，在每個人都急功近利的當下，留一片清淨給自己。這是我們送給自己的最好禮物。這件禮物的背後，可能還隱藏著上天對我們的恩賜。

在埃及，有一位收藏大師，他叫薩依特。

薩依特三十四歲時就當上副市長，仕途不可限量。躊躇滿志、年輕有為的薩依特準備在官場大展宏圖時，他所在的城市突然發生一起嚴重的火災，死傷很多人。按照埃及的法律，作為主管城市消防安全的副市長，薩依特必須因此引咎辭職。

那年，薩依特三十七歲。

儘管不再是市長，但薩依特的人脈資源、社會影響力還在，所以，一些企業經理、政府官員、社會名流經常到他家拜訪，希望薩依特能成為他們的助手、幕僚或副總，並許以豐厚的薪資。

付出歸零、仕途無望、理想破滅，並沒有讓薩依特心灰意冷，但他內心裏對那些在火災中喪生的人，充滿內疚和自責。他認為自己並不適合做與管理有關的工作，於是婉言謝絕了朋友們的邀請，決然地離開城市回到鄉村，過著普通農民的生活。

種地、種菜、養雞……凡是農民該做的事情，薩依特全部親力親為，心無旁騖地過著自給自足的日子。農閒時，他四處奔走，以低廉的價格收集農家的陶器，並對其進行深入研究。

以前的同事升官了，身邊的村民發財了……類似消息不絕於耳，薩依特對此視而不見、無動於衷，埋頭種自己的地，研讀陶器方面的資料，淡定地過著清貧簡樸的生活，似乎他已經忘記了自己曾是執掌權柄、可以隨時改變別人命運的副市長。

這樣的日子，薩依特持續了八年之久。就在官場、商場上的朋友將他徹底遺忘、村民把他視為不合格的農民時，他卻研讀了所有關於古埃及陶器方面的資料，並培養出對古埃及陶器精準的鑒定能力，收集到幾十件世界頂級文物。

世界各地收藏家聞風而來，不惜代價要得到薩依特手中的古埃及陶器。似乎就在轉眼一間，薩依特便成為埃及頂級文物鑒賞大師、身價破億的收藏家。

記者採訪薩依特，問他如何從一個失敗的市長、不合格的農民成為世界頂級文物鑒賞大師的。薩依特說，純淨的內心使他過著簡單的生活，無我無他的境界使他專注於陶器鑒賞。

純淨的內心世界，無我無他的境界，的確具有無法估量的防禦力和殺傷力。這一點，恐怕只有超一流狙擊手才有發言權。一次不均勻的呼吸，一次內心細微的波動，都會影響到他們射擊的精度和準度。遺憾的是，我們總是拿著手裏的半自動步槍當機槍使用，習慣盲目掃射而不是精確點射。

薩依特如此，美國華裔數學家王章程也是如此。

王章程二十二歲時，以優異的成績從美國加州大學畢業。美國加州大學是世界知名學府，從那裏走出去的學生，非常受美國大財團、大公司的青睞。王章程的那些同學，均輕而易舉地獲得了高薪高職的工作。在世界知名公司獲得一份高薪工作，對王章程來說並不難，但是，他卻去了加州一家不知名的私人研究室。那裏的工作量大、薪水微薄，收入更不能與他的同學相提並論。幾年以後，在校時學習成績遠不如王章程的那些同學，有的已經成為公司的中層領導，年薪幾百萬；有的擁有了自己的公司，並在行業內漸露頭角，年收入在千萬以上。這些人，無一例外地住著豪宅、開著名車，出入各種高檔娛樂場所，與社會名流稱兄道弟。

王章程的收入如舊，既買不起房子，也娶不起妻子。無論他的社會地位還是個人財富，與他的同學差距已經不是幾個等級的問題。他的朋友多次勸他放棄付出與收入根本不匹配的工作，與他們一道開公司，名利雙收，但王章程對此一笑而過，繼續做在別人看來毫無價值的的研究工作。

經過十年的執著與堅守，忍耐十年的清貧與寂寞，飽受十年的非議與嘲諷，在王章程三十五歲時，他攻克了世界上兩項頂尖級數學難題，從而震驚世界。在世界數學界，他被譽為「數學之王」。美國十幾家大學先後聘請他前去任教。

薩依特和王章程的成功說明了一點：欲除煩惱先無我，各有因緣莫羨慕人。他們沒有把別人的選擇當作自己的目標，也沒有把別人的成績當作衡量自己得失的卡尺，他們只做自己想做的和自己能做的，不以物喜，不為己悲，不為與實現目標無關的東西所累，時刻保持平和、淡定的心態，最後取得了驚人的成績。我們之所以活得那麼累，不是因為我們不夠聰明，而是因為太聰明導致心中雜念太多，不願意靜下心來，踏實的把一件事做到盡善盡美。習慣在捨與得之間，反覆掂量精細盤算。事實上，世界上很多人和事，都經不起算計，總有一個比這更划算。有人說，心有多大，世界就有多大。其實，我們的心再大，也裝不下無限膨脹的私欲與雜念。私欲與雜念多了，我們的內心世界也就變小了，更何況我們的內心本來就不大。

使用電腦時，如果不及時清理使用時產生的垃圾檔，垃圾檔就會侵佔電腦的硬碟和記憶體，使電腦的運行速度越來越慢，最後可能導致電腦癱瘓。我們的內心猶如電腦，每日從眼、耳浸入的各種垃圾數以千計。中國人的這台電腦，已經運行了五千年，產生的精神垃圾檔無數。這些精神垃圾檔，在我們出生那一天起，便一點一點地浸入我們的骨髓之中；新時期的物欲垃圾，也會被我們當作寶貝納入內心深處，擠得我們浮躁不安，疲憊不堪。

不論我們在何種行業，從事何種工作，在每一天中，我們一定要找個時間，把心門打開，把裏面的欲念盤點一下，捨棄一些，放下一些，過濾一些，我們的內心就是敞亮很多，鬆弛很多，痛快很多。

我們看見陰影，是因為背朝陽光。
只要我們轉過身，就能面向太陽。

人生永遠不設限

參加工作幾年後，我們是否都有這樣的感覺——生活固化、工作定型、圈子難變、發展緩慢、激情不再、按部就班、老氣橫秋，凡事心有餘而力不足、有想法沒辦法、有賊心沒賊膽呢？

我們經過十幾年的學習，十幾年的奮鬥，獲得了穩定的工作、衣食無憂的生活、和諧溫暖的家庭。這是我們十幾年前的目標。在未現實這些目標之前，我們相信社會是公平的，有多少付出就會有多少回報，只要敢想敢幹，執著追求，不懈努力，生活就不會錯待我們。

在我們把這些目標逐一現實之後，卻發現曾經令自己趨之若騖的東西，已經無法引起我們絲毫的興趣，從而覺得一直在為自己的角色責任活著，活得既沒勁，又乏味。

曾經激情四射、無所畏懼的我們，在社會上行走幾年後，為什麼會有如此感覺呢？這是因為我們選擇科系時，聽從了父母或老師的選擇；大學畢業後，能靠爹的，主動地服從了父母的安排。無爹可靠的，在生存壓力下，被動了接受了新臺幣的誘惑。

總之，由於諸多原因，我們當中的很多人沒有做自己喜歡的事，沒有和自己喜歡的人在一起。從大學畢業開始，我們幾乎一直複製別人的生活。不管我們是不是關羽，都必須過五關——上班，賺錢、購屋、結婚、生子。在什麼價格都漲、唯獨薪水不漲的時代，為了順利地逾越這五關，我們不得不學會妥協、放棄、接受和改變。

雖然我們的物質條件一點點地變好、存款一年比一年增多，卻發現真實的自己漸行漸遠。生活中的一切，均在掌控之下、意料之中。於是，我們在無助、無奈、無聊中看到了六十歲的自己。

此種現象之所以存在，是因為我們大多人都和自己不喜歡的人在一起，做著自己不喜歡的工作。在我們二十幾歲時，因為生存需要被迫妥協，這種情況無可厚非，甚至是必要的。但是，在我們生活無虞之後，再如此強迫自己，就是自己折磨自己了。

細想一下，我們的真實需要並不多。對於我個人來說，每天一包煙、兩杯茶、三頓飯即

我們看見陰影，是因為背朝陽光。
只要我們轉過身，就能面向太陽。

可，多則無用。房子不過是容身之所，車子不過是代步工具。

我們活得如此艱辛，並不是生活對我們要求過高、過於刻薄，而是我們內心太脆弱，容易被外界的氛圍感染，被他人的生活模式左右。

在熟人社會中，我們總覺得自己被無數目光審視，被各方多蜚短流長評價。最終，我們被這些與自己根本無關的東西扯亂了心神，從而迷失了方向，把自己束縛在一團亂麻之中。

其實大家都很忙，誰會把我們真正放在心上？他們仰視或者鄙視我們，是他們的事情，我們根本無法決定。我們是活給自己看的，好與不好，只在於自己的感受。在我們的意識裏，官大一級壓死人，錢多一萬氣死人，房大一米瞧不起人，其實這是又蠢又俗的想法。只要我們少一些欲望，多一點淡定，一切都是浮雲。他有權，我們可以不求；他有錢，我們可以不借。他們再富有再霸氣，也抵不過我們忽略不計視而不見。

在沒有人真正為我們負責、沒有人為我們埋單的社會中，我們確實應該放下一些不必要的東西，嘗試著做真實的自己，做自己想做的事情，別擔心結果。對不喜歡的事情，我們都能做好，何況是我們喜歡且感興趣的事情呢？

波士頓啤酒公司創始人吉姆・科克，便用行動為我們詮釋了這個道理。

吉姆・科克的曾祖父、祖父、父親都以釀酒為生，儘管他們吃苦耐勞，全力付出，但微薄的收入僅僅勉強供全家人糊口。父親認為，釀酒師是世界上最沒有前途的工作，他不想讓吉姆・科克再續演幾代人的生活悲劇。

在父親的規劃下，吉姆・科克以優異的成績考入哈佛大學，學習當時就業前景最好的法律和商務兩個科系。

讀研二時，吉姆・科克突然意識到，他的人生經歷猶如一張白紙，從小到大，除了上學讀書，沒有接觸過任何領域。這在美國年輕人之中絕對屬於另類，就業前景堪憂。

二十四歲時，尚未完成學業的吉姆・科克決定休學到社會上闖蕩，遭到了父母的強烈反對。但是，他堅持認為自己不能等到六十五歲再追求夢想，必須立即為之奮鬥。

吉姆・科克在科羅拉多州找到一份野外拓展訓練教練的工作。這份工作，雖然與他所學科系風馬牛不相及，他卻覺得非常適合自己。

他說：「我從不後悔花時間發現自我。一個人能從生活中抽出一些時間審視自己要走的路，他的生活必將別有一番滋味。否則，我們只能被別人的意見左右。」

在三年多的時間裏，吉姆・科克徒手征服數十座山峰後，他的內心逐漸變得強大，解決意識異常強烈，自信自己能勝任何工作。他辭掉了教練工作，重返哈佛完成學業。

畢業後，吉姆・科克順利地獲得波士頓諮詢公司一個高薪職位。那是一家世界知名智囊機構，年輕人能在那裏上班，意味著他有能力、有身份、有資本、有地位、有前途。

在波士頓諮詢公司工作五年後，吉姆・科克又開始質疑自己的選擇：難道這就是自己要幹到六十歲的工作？

其實，這麼多年來，在吉姆・科克內心深處，一直有一個揮之不去的夢想——讓美國人喝上美國人釀造的上等啤酒。因為到現在為止，美國人一直花高價喝著劣質的外國啤酒。

應該為自己的夢想奮鬥了！吉姆・科克果敢地辭掉高薪工作，準備回家做一名釀酒師。當他把自己的決定告訴父親時，父親卻說，這是他聽到的最愚蠢的決定。

儘管父親強烈反對，但吉姆・科克依然堅持自己的選擇。他認為，釀造出最好的啤酒，才是他最想做的事。他再也不能因為充當別人的賺錢工具而放棄自己真正想做的事。

見兒子如此堅持，父親放棄了他的偏見，出資四萬美元資助兒子開辦波士頓啤酒公司。在父親和朋友的幫助下，吉姆・科克開始步入實現夢想的征途。他說，那種感覺好極了,就像攀岩一樣,自由、興奮而又令人緊張。

為了釀出與眾不同的啤酒,吉姆・科克選擇了與眾不同的釀酒方式——手工釀製的高酒精含量的啤酒,並為其取一個醒目而又高雅的名字:撒母耳・亞當斯啤酒。

吉姆・科克的啤酒不但價格高,而且還沒有知名度,很多經銷商拒絕銷售。於是,他帶著自己的啤酒,親自到各個酒吧向客人推銷。

他一邊給客人講述自己的故事,一邊請他們品嘗純手工釀造的高度啤酒。他的高度啤酒的口感確實與眾不同,客人們給出了很高的評價。

六個星期後,在全美啤酒節上,撒母耳・亞當斯啤酒一舉獲得優等獎。從此,這種世界上最昂貴的啤酒,走進了美國千家萬戶。吉姆・科克把他埋藏在心底的夢想變成了現實,並做到極致,也使他步入美國億萬富豪之列。

請不要輕易說吉姆・科克的成功是不可複製的個案。他義無反顧地辭掉的工作,薪水要比我們高很多。也許我們的能力、資源、膽識有限,下輩子也做不出吉姆・科克的事業,但這絕對不能成為我們屈服生活的理由。在否定中長大的我們,真的不瞭解自己,更不知道自己能做出什麼。

所以，行走在框架之中的我們，就不要對自己再設置種種限制。

如果確定現在的生活不是自己想要的，那麼，我們就在午夜時分，坐下來和內心深處的自己談談，嘗試著做一次改變

在新浪的微博上，有一句計程車司機的話，引起廣大網友源自內心的震撼：「我唯一的生活，**就是在一條別人幫我決定的擁堵的路上，等待自己生命一點點的流失，換取這一點點我都不知道有沒有意義的前行。**」

這位司機，用一句話高度概括了我們當下悲壯的生活。

現在，如果我們已經看到了自己六十歲的樣子，並對那個樣子不滿意、不滿足，就試著做自己一直惦記的事。那樣，即使我們可能一無所獲，但最起碼活著快樂，死時無憾。

第四章：假設我們感覺心無力

■我們看見陰影，是因為背朝陽光。只要我們轉過身，就能面向太陽。

我們看見陰影，是因為背朝陽光。
只要我們轉過身，就能面向太陽。

看清我們追求的實質

我們為什麼忙碌？

我們永遠不會問自己這樣的問題，而是看著別人追求什麼，我們就跟著追求什麼。在城市裡買間大豪宅，開著代表財富和地位的名車，娶漂亮的女孩子，出入高檔場所消費，穿名牌時裝。

有這樣的追求不對嗎？只能說沒錯，但不一定正確。

有多大的追求，決定了我們要付出多大的努力。我們無所事事，隨波逐流，正是因為我們沒有追求的目標。就像在大學裏讀書，面對圖書館裏幾百萬冊圖書，我們除了知道考試及格拿到畢業證書外，並不知道學這些東西有什麼用。因為暫時或者永遠無用，所以我們厭學。

但是，我們把自己的追求目標，鎖定在以上那些消費性的東西，一旦能力不及，將會被現代的五指山壓得喘不過氣來。

我們做一個假設。假設我們身邊發生了日本那樣的海嘯大地震，家園被毀，成為重災區，身無分文。我們所有的財產全部遺留在危樓裏。

我們所在的街區，均被軍隊和警察封鎖，不許任何人出入。

我們突然接到政府部門的通知，給房子沒有徹底倒塌的居民十五分鐘的時間，進入危樓，拿出我們想要的，或需要的東西。

任何人都沒有第二次進入自己房屋的機會，保證我們安全的時間只有十五分鐘。十五分鐘過後，各種鏟車、挖掘機、吊車就要執行破拆任務。

十五分鐘，從經營幾年、幾十年的家裏，拿走想要的東西，然後迅速離開。我們無論如何也不會想到，自己這輩子會做這樣艱難的決定。

十五分鐘內，是選擇的過程，更是放棄的過程。

該從哪裡下手呢？每件東西，對我們都重要，不重要也不會購置，不想放棄。但是，僅靠我們雙手，又能帶走多少呢？

事實上，我們在搖搖欲墜的危樓裏，大部分人會陷入慌亂之中，不知所措。

十五分鐘後，我們會被驅趕著離開，屋子裏被翻得滿地狼藉。我們手裏拿著的，一般都是需要但不重要的，譬如防寒的被子和毛毯，充饑的糧食。這些東西，在平時價格低廉，一直處於被忽視的角落。但對那時的我們來說，它們又是如此的重要。一塊麵包比一根金條有用。

如果我們的一生中有這樣的十五分鐘，一定會讓我們認識到什麼才是生活的真正需要，也會讓我們反省以前的生活方式。**很多時候，我們都是為了重要但不需要的東西奔波忙碌，只知道重要，但卻忽略了需要和必要。**

遺憾的是，我們無法親身體驗這樣的經歷。一旦我們有了這樣的機會，明白一生中會面臨這樣的放棄，我們肯定會調整自己的生活方式，追求的方向。

我們苦苦奮鬥，不就是為了獲得高品質、高品位的生活嗎？一頓飯，一個饅頭就可以吃飽；一晚上，支個帳篷就能睡覺，我們還奮鬥什麼？

生活本來很簡單，只因為被附加了不知多少種概念而複雜。誰製造了這些概念？是想控制我們或者惦記我們口袋裏那點兒血汗錢的人。要想讓我們成為他們的提線木偶，或者成為富豪的墊腳石，不製造概念怎麼達到目的？

在這些概念的蒙蔽下，在生活中，我們總是在乎自己得到多少，別人得到多少。別人有的，我們沒有，不平；我們有的，別人沒有，不安。於是，我們辛辛苦苦地去爭取，得到了又不知道珍惜。我們習慣性地認為，還有人比自己好，還有人比自己多。

生活中五花八門的概念，就像茫茫大海上別人樹立的燈塔。我們向燈塔指示的方向航行，只能達到別人的港口。

在社會上行走，我們一定要明白，我們真正要擁有的，是應對苦難、處理悲劇、服務別人的能力。

透過持續地向書本、向他人、向社會學習和反省，我們就能獲得這種能力。有了這些能力，我們才能成為自己生活的主宰，按照自己的想法活著，做真實的自己。

在生活中，我們必須要掌握並會運用應對生活苦難、處理悲劇的能力。因為不約而至、變化無常的苦難、問題和麻煩，在我們人生的空間中，無處不在，無時不在。

在某一時刻的某一個角落，苦難選擇了我們，我們能迅速使自己的內心平靜，坦然、冷靜地審視已經發生變化的生活，積極尋找解決麻煩的辦法。用平常心、耐心和決心，把苦難往好的方向轉變，才能發現隱藏在苦難背後的機遇。

能給更多人的提供服務，成為更多人的需要，我們不富有都難。這種富有，不僅是物質的，還包括精神的。

擁有給別人提供服務的能力，最大的收穫不是我們能得到什麼，而是讓我們知道自己還缺什麼。

我們之所以無所事事，最大的原因，是因為除了錢，我們根本不知道自己缺什麼。我們貧窮，正是因為很多方面缺失才導致缺錢。錢，僅僅是我們給別人提供服務的饋贈。

只有看清我們所求物質的本質，我們才能活得坦然，才能給生活裝入我們編寫的軟體，在自己的電腦上，用這些軟體書寫自己的人生傳奇。

我們在哪裡卡住了自己

二十幾歲時，我們這些俗人最大的夢想是什麼？肯定不再是為了實現「世界大同」，而是一份穩定的工作，一份穩定的生活。

對於沒有安全感的我們來說，穩定高於一切。每年幾十萬人對「公務人員考試」趨之若鶩，調動所有資源拼智力拼精力拼財力，拼父母拼關係，還是為了那份傳說中的穩定。

透過幾年的辛苦打拼，我們終於穩定了。在行業裏有了一定的知名度，不再為失業擔心；銀行裏有一筆不多不少的存款，不再為生計煩惱；還完了房貸、在曾經陌生的城市裏擁有了屬於自己的房子，不再為搬家煩惱。

隨著工作、生活的穩定，穩定到波瀾不驚的程度，我們似乎在一覺醒來的時候，發現自己對生活失去了激情和感覺，一切都成為不得不去履行的義務，不想做，又不能不做。

我們看見陰影，是因為背朝陽光。
只要我們轉過身，就能面向太陽。

與一些人相比，無論身價與社會地位，我們都無法與其相提並論，但是我們卻不知道自己到底還缺什麼，不知道還有什麼值得去奮鬥。我們就像拆掉引擎的汽車一樣，拋錨在人來人往的大街上。

不知道自己缺什麼的人，活著對他來說是最痛苦的事情。我們就像在繁華的大都市裡迷失了方向，只能在十字街頭，望著不知道為了什麼而匆匆奔波的人群。

早上我們把太陽背起，從家背到公司，艱難地數完八個小時，再把太陽背回家，一甩手扔到遙遠的雲靄之處。就這樣，周而復始，今天重複昨天的故事，明天和今天沒有區別。沒有什麼事情能讓我們快樂，也沒有什麼人能讓我們悲傷。我們對身邊的一切徹底失去了感知的能力。

剛步入社會時，儘管我們一無所有，甚至一無是處，但是我們有激情，有熱血，敢想敢做，衝勁十足。儘管我們活得很累，很艱苦，卻很快樂也很知足。不像現在，我們手握繁華的時候心裏卻一片荒蕪，不知道感恩，不知道珍惜，冷漠得像一塊堅冰。即使面對當初夢寐以求的東西，也已經索然無味。

我們開始懷疑當初選擇的路，懷疑現在的生活方式。可是，我們卻依然走在早已厭倦的路上，不想也沒有勇氣想改變現有的生活方式，從而選擇另一種生活。

這是為什麼呢？是我們當初的選擇錯了，還是現在的生活方式錯了？

我們都爬過山。在山腳時，我們眼前只有那座山，認為只要到達山頂，所有的風景就會盡收眼底。可是，當我們達到山頂時，卻看到遠處雲霧飄渺，近處光禿禿一片。那裏，不但沒有預想中的風景，還令我們在孤獨寂寞中感到陣陣寒意。

我們那座「山」，就是大學畢業後，擁有一份穩定、高薪、體面、工作環境不錯的工作，把一間房子、一部車子登記在自己名下。為此，我們努力、隱忍，甚至是透支。當我們爬到這個「山頂」時，卻發現這座「山」在不知不覺中，變成了埋葬我們激情、熱血、理想、青春的墳墓。在那座墳墓中，我們變得越來越怠惰、庸俗和麻木，而且怠惰、庸俗和麻木的藉口十足。

我們的工作和生活，在這個時候，成為一潭死水。即使有變化，也只是收入多兩萬少兩萬的事。多與少，都不會給我們的生活帶來實質性的改變。

如果出現這種現象，就說明我們已經卡在這個年齡段，卡在這個撐不著餓不死的工作上。這種狀態，之所以用「卡」字形容，是因為不挪動會窒息，挪動會脫一層皮。

我們不小心在生活和工作上「卡」住，解決辦法有很多，但實用的也許只有兩條。

如果我們的社會資源、自身能力確實有限，獲得現在的工作，已經是意外或有運氣的成分，那麼，就應該選擇與自己縱向對比，把自己定位於平凡人，知足知止，把生活重心放在家庭上，照顧好父母，教育好孩子，過一種平凡淡泊的生活。至於其他的事情，在乎不起就忽略。

在工作上，把目光收於腳下，選擇感恩、珍惜和再努力，把自己負責的工作做精做細。對公司裏的人，持包容隱忍、寬懷大度的心態；遠離精明但不踏實的人，對他們散佈的負面消息採取聽之忘之的態度，不詮釋不傳播；對職位的晉升和薪水的增加，不奢望不惦記。總之，既然不想離開這座廟，那就做一天合格的和尚，撞一天優雅的鐘。

這樣做，並沒有什麼不好。我們不能為了那些不切合實際的鼓勵，就逼著自己做一名鬥士。放下貪婪之欲，每個人需要的並不多。

如果我們不甘心「卡」在這裏，早已厭倦這種波瀾不驚看到墓碑的生活，那就做一隻鷹，像鷹那樣經歷再次蛻變的痛苦，選擇一種激情四射、挑戰無處不在、與現在截然不同的生活。

老鷹是壽命最長的鳥類之一，可以活到七十歲。事實上，大部分鷹會在四十歲左右時死亡，只有小部分能活到七十高齡，這是為什麼呢？

原來，鷹到四十歲左右時，它的喙會變得彎曲、脆弱，不能一擊而制服獵物；它的爪子會因為常年捕食而變鈍，獵物會輕易地從它爪下逃脫；雙翅上的羽毛粗大厚重，成為它高空自由翱翔的負累。

這時，鷹面臨兩個選擇：一、回到巢穴，靜靜等死；二、經歷一五〇天的漫長蛻變過程獲得重生。

如果一隻鷹選擇蛻變，必須經過四個自殘式的步驟：一、到人跡罕至的山崖頂端築巢；二、用喙不斷地撞擊岩石，直到老喙徹底脫落；三、新喙長出後，用它將鈍爪全部拔出，以換取鋒利的新爪子；四、拔掉粗壯厚重的羽毛，以換取對飛翔更有利的新羽毛。

四步，一五〇天內，這隻鷹時刻都要面對傷害、寒冷、饑餓、疾病、疼痛，甚至死亡。四十歲的鷹，經歷一五〇天痛苦的蛻變，便可以重新獲得三十年的新生，再次翱翔在天空。

生活趨於穩定的我們，感覺在生活和工作中被「卡」住的我們，如果不想隨波逐流，不甘心以後的時間就這樣無聊的被打發，就必須像四十歲的鷹那樣，放棄穩定、安逸的生活，接受因轉型產生的危險、痛苦和失敗。

甚至，我們會比鷹還要艱難。因為鷹不選擇蛻變，就要接受死亡，而我們不選擇蛻變，最起碼還能擁有一份比上不足、比下有餘的生活。

如果我們真的覺得自己被「卡」得無法忍受。這種與死亡無異的生活，對自己來說，時刻都是一種折磨和煎熬，那就果斷的選擇否定自我，放棄既有的名與利，去追逐心中的夢想，糾正自身缺點和不足，重新學習，從另一個角度完善自我，讓自己永遠走在時代的最前沿。

否定過去，從頭再來，是需要勇氣的。已經不是一窮二白的我們，做任何選擇，都不能有半點盲目和衝動，前後必須經過縝密的分析和理性的思考，看談成敗得失，並做好最壞的打算。

我們無論「卡」在哪裡，無論堅守還是放棄，都不為過。但是，都需要我們有一個好心態，坦然對待，冷靜處理，畢竟自己感覺好，才是真正的好。

我們看見陰影，是因為背朝陽光。
只要我們轉過身，就能面向太陽。

人，有時候並不是人

我非常喜歡王朔的一句戲言：你把我當人看是應該的。

理論上，同為社會一分子，無論高貴還是卑賤，都應該把對方當人看，給予必要的尊重，事實上並非如此。我之所以喜歡這句話，是因為在某些時候，別人不想把我們當人看。在他們眼裏，我們就是一塊沒有脾氣的橡皮泥，他們想怎麼捏就怎麼捏，想捏成什麼就捏成什麼。

處於弱勢的我們，在與這些人交往、相處過程中，從未奢望過公平。這不是我們沒傲氣，也不是我們沒傲骨，而是簡單的生存，讓我們是虎也得臥著，是龍也得盤著。一部《忍經》，一部《挺經》，明明白白地提醒我們，是可忍，孰可忍，無法再忍繼續忍。

不是我們活得沒有尊嚴，而是人有的時候不是人。他們穿人衣，說人話，就是不幹人事。有理由,他們會傷害我們,沒有理由製造理由也要傷害我們。因為他們手握利器,我們手無寸鐵。

他們如此對待我們,是因為在他們心目中,一無法,二無天,只有自己的感覺和感受。至於別人的利益和權利,他們不想,也不屑去想。只要在他們的管轄範圍之內,權力覆蓋之下,就不存在他們不能做的事,不能整治的人,已經達到為所欲為、肆意發揮的地步。

其實,我們的要求並不多——應該給我們的,打個折扣給我們就可以。即使這樣可憐的訴求,在一些老闆的眼裏,卻成為不知足、不知止的奢求。他們覺得賞賜我們一個賺錢的機會,得到能維持溫飽的收入,我們就應該對他們感恩戴德。

作為善良之人,我們總以為別人做事會有一個底線,會有所顧忌。事實證明,我們這樣想是錯誤的。我們不但被玩,而且被人綁起來玩,還不允許我們反抗,甚至抱怨。

身處這樣的公司,面對這樣的老闆,作為經常被老闆「照顧」的人,我們往往是幹得比驢還苦,拿的比雞還少。

為此,我們活得既悲壯又可憐,根本無法淡定。

我們看見陰影，是因為背朝陽光。
只要我們轉過身，就能面向太陽。

豬拱地，狗咬人，我們不會計較，因為它們就是一個畜生，不懂得禮義廉恥。我們之所以憎恨那些人，之所以抱怨那些事，是因為我們還把那些人還當人看，質疑他們為什麼披著人皮不幹人事。

於是，我們生氣、鬱悶和煩惱。這又中了那些人的下懷。他們那樣做，目的就是讓我們難受，在難受中放棄我們做人的底線和原則，凡事考慮他們的想法，滿足他們的需要，甘心成為供他們奴役的工具。

可惜的是，我們把自己當人看，把他們也當人看。他們成不了一手遮天的爺，我們也做不了只有一副奴骨的工具。是人才，就做不了奴才。奴才是天生的，是需要天賦的。

人為屠夫，我為羔羊。我們不服，他們專治不服。被殺、被剮、被凌遲就是我們無法規避的結果。

讓我們最痛苦的，不是我們面對的結果，而且思考他們為什麼要給我們這樣的結果。在我們的思考能力範圍內，根本無法找到答案。原因很簡單，我們是按照正常人的思維角度思考，他們做的卻是沒有人性的事。

人，有時候並不是人。他們不把自己當人，也不把我們當人看。我們再按照人的標準要求他們，絕對是自討苦吃，鬱悶的只有我們自己。

如果我們不把那些人當人看，他們做什麼、怎麼做，我們都為認為是正常的，均在意料之內的，不論剝削還是剝奪，違法還是違憲。

我們這樣做，不是自欺欺人，而是避免跟一些自己在乎不起的人和事，較真和較勁。沒有打虎藝，非得上山崗，最後吃虧遭罪的只能是我們自己。

韓國著名的元曉禪師，曾經說過一句令人深省的話：**「我曾經盡一切的力量也無法阻止一朵花的凋謝，甚至集一百個神通力也無法阻止無常的來臨。因此，不管你願不願意，世間的無常是無法避免的。」**

追一個時髦，我們把元曉禪師這句話稱為「元曉體」。我們可以套用一下「元曉體」，簡單明瞭地來形容我們在職場尷尬的境地。

「我曾經盡一切力量也無法阻止一個人的卑鄙，甚至集一百個神通力也無法阻止無恥的來臨。因此，不管你願不願意，世間的無恥是無法避免的。」

我們看見陰影，是因為背朝陽光。只要我們轉過身，就能面向太陽。

把卑鄙無恥的人當人看，與他們談底線，無異於對牛彈琴，對驢講經，難受的只有我們自己。對於他們卑鄙無恥的行徑，我們不看，不想，不在乎，惹不起還能躲得起。只要我們把自己當人看，對那些人不期望，就不會糾結於無法改變的事情之上，就能做到淡定、淡然。

讓群魔們盡情地陰暗吧，讓宵小們忘我地齷齪吧，我們既不悲觀，也不旁觀，而是當作與己無關。我們能做的，就是養自己的家，糊自己的口，審視自己的內心，把握自己的位置。其他的，都是其他的。

把一些人歸於非人類，是一種生存手段，讓我們把自己的心力、精力、注意力集中在自己想做、能做的事情上。

糟糕的社會，把人已經分為窮富、強弱和卑賤了。既然世界無法改變，我們只能改變自己。很多人、很多事，我們陪不起，也傷不起，只能讓上帝的歸上帝，撒旦的歸撒旦，王八蛋的歸王八蛋。

不做負面消息的傀儡

作一個簡單的假設。

假設在房間裏，到處堆滿骯髒無用的各種垃圾，我們是否願意在這個房間裏生活？是否能吃得香、睡得甜？是否有心情做自己準備做的事情？

假設把一條寬闊、平坦的馬路上的污水井蓋全部揭開，任污水橫流、臭味四溢，我們是否願意在這條路上開車、行走呢？

答案只有一個：不願意。

我們會時刻主動迴避物質垃圾對自己的浸染，卻從不拒絕精神垃圾對自己的侵蝕。我們每天習慣性地登錄各大網站，首先關注的是什麼呢？肯定是網站上的負面消息。

在我寫這篇文章時，雅虎網站的社會版的頁面上，共有十二條新聞，分別是：

一、光天化日　新東陽董事長座車遭槍擊
二、搶前東家孃孫　壯男狠摔三歲娃
三、前立委林文郎炒股圖利　判刑確定
四、血汗派遣公司　扣五成薪、離職即軟禁
五、家庭殺手　法官也批是惡法
六、仲介赴加工作　菲籍騙徒在台坑同鄉
七、「房客當暴徒」　夜緝逃逸外勞挨轟
八、熱血四歐吉桑　陸空包抄逮搶匪
九、親娘繼父虐五年　外公提告救男童
十、女大生遭變態騷擾　父守三天逮狼
十一、控嫩模妻不炒飯　名醫抓姦告不成
十二、一一五萬名表被騙走　改判員工要全賠
這是一個雅虎網站主頁面呈現的新聞目錄，除第八條勉強有點兒積極性外，其餘幾乎都

是負面新聞。看完這些新聞，正常人難免會問：我們所在的國家還能待嗎？我們所處的社會還正常嗎？我們身邊的人都怎麼都這麼壞？

為什麼媒體會熱衷報導這些負面消息呢？社會上就沒有發生積極、健康、勵志的事情嗎？不是！媒體樂於報導，還是因為我們喜歡關注這類事件。我們為什麼會喜歡關注這些呢？是因為我們物質富足、精神空虛，內心壓抑，生活無聊，又活得無可奈何。

窮人關注的是，還有誰比自己更窮；生活失意的人關注的是，還有誰比自己更倒楣；好吃懶做的人關注的是，誰能投機取巧不勞而獲。

人性的弱點之一，就是習慣關注負面的東西，把別人悲慘的事故當作娛樂自己的故事，以消磨無聊的時光。因此，媒體會把社會中萬分之一的負面消息精選出來，無限放大，放在版面的顯要位置，以博得讀者的關注度和點擊率，以此謀取巨額廣告費。

在眼球經濟時代，很多媒體人為了自己的錢袋子，只抓經濟效益遺忘社會效益，拋棄自己的責任和道義，選擇獻媚觀眾而不是引導觀眾。他們話不驚人不說，事不驚人不報，只求有人圍觀。

在有限的版面和時間裏，媒體人大多會選擇什麼能吸引眼球就報導什麼。在明星身上，會選擇報導他們的緋聞而不是他們的敬業；在富豪身上，選擇報導他們生活的奢華而不是他們創業的艱辛；對那些真正創造社會財富和精神文明的人，不聞不問，不管不顧。

即使媒體的注意力觸及社會低端和底層，也是選擇如上的負面消息。

負面消息，猶如精神鴉片，用時提神，卻對我們健康的心理有巨大的侵蝕作用。看多了，想偏了，會導致我們漸漸懷疑自己的選擇和堅持，信仰和信念。

尤其在我們實現目標過程中，屢次遭遇挫折、受到人為的阻擾時，就會懷疑別人質疑自己，把失敗歸於客觀環境，感覺自己付出再多的努力也無助。如果這時我們每天被負面消息包圍，就會認為在這個社會上，一切徹底凝固，個人再努力，也是無濟於事，於是理想破滅，激情不在，不知不覺地在瑣碎的重複之中，把自己變得慵懶和消極，忘記了自己來時的目的、要去的地方。

各種負面消息，再加上生活中處處掣肘難以如意的現實，會使我們總覺得自己處於暗無天日的環境當中，游離於憤怒的邊緣。我們會認為自己是如此的幼稚和渺小，如此的無足輕重不堪一擊。即使自己已經擁有的一切，都可能隨時被人有心無情地被剝奪和掠奪。

內心漸漸失衡，最後發展成為仇富、仇權的心理，我們就不可能理智、理性地審視周遭發生的事情。我們會習慣性地認為，有錢者為富不仁，有權者仗勢欺人，普通人根本不是人。於是，我們毫無安全感可言，活得如履薄冰，戰戰兢兢，不再敢說，不再敢做，想贏怕輸，擔心躺著也中槍。

負面消息聽多了，導致我們對身邊的人習慣性地充滿戒備，時刻提防別人對自己的傷害。事實上，社會沒有我們想像的那麼亂，人也沒有我們假設的那麼差。

把過多的注意力、精力放在負面消息上，只能讓我們成為憤世嫉俗、只會指責別人的偽正義，對改變社會現狀、自身命運毫無幫助，最後導致我們對時代充滿絕望，對自己失去信心。對自己所在的社會絕望、對自己的努力失去信心、對任何人都不信任的人，還能做什麼，還能做成什麼呢？

所以，我們要主動遠離負面消息，主動迴避那些精神鴉片，扮演好自己在社會和家庭裏的角色，盡最大努力對社會做出自己應有的貢獻，每天向自己的人生目標前進一點點。

我們看見陰影，是因為背朝陽光。
只要我們轉過身，就能面向太陽。

即使我們是上帝，也滿足不了所有的人的需要。兩個男人同時想娶一個女孩為妻，上帝也不知道把女孩子嫁給哪個男人才是真正的公平。

我們應該對社會多一些包容，多一點行動，少一些偏見，少一些抱怨。只要我們多一分善良，社會上就少了一分邪惡。

人這麼多，社會變化這麼快，五千年存留下來的精神垃圾這麼多，發生一些不合理、不合法的事情，應屬正常，根本就不值得我們大驚小怪。種一百畝地玉米，有幾株夭折、有幾株被偷、有幾株變異，都在情理之中。只要其他玉米健康成長，肯定還是一個豐收年。

如果我們有吃穿住，就已經比世上七五％的人富有；如果我們有房住，有存款，錢包有現金，還有點兒零錢，我們就已經是世上最富有的八％了；如果我們早上起床，沒病沒災，就已經比活不過這周的一百萬人幸福多了；如果我們從未經歷戰亂、牢獄、酷刑、饑荒，就已經比正身處其中的五億人幸福多了。

遠離那些與己無關、對己有害得負面消息吧。**如果我們還在抱怨，那麼就慶幸、感激自己還有抱怨的機會吧！**

別人扔來的石頭，可能是金子

這是一個橫禍隨時可以落入臥室、躺著也能中槍的時代。

我們的無欲，換不來別人的無求；我們夾著尾巴做人，也阻止不了別人磨刀霍霍。

有些人，損人利己的事能幹，他們好吃懶做，習慣不勞而獲，把自己的快樂寄託在對別人合法權益的侵害之上，譬如搶劫；有些人，損人不利己的事也能幹，時刻懷著僥倖的心理，不顧自己和別人的安危，譬如酒駕。

我們戰戰兢兢地行走在社會上，不得不擔心在某一時刻，別人向自己頭上扔來石頭。扔石頭的人，也許有心，也許無意，但只要我們被石頭砸中，就是一場災難，甚至是致命的、能改變所有生活的災難。

一位美國女孩漢德麗，就是被別人扔出的石頭連續擊中兩次的人。她不但被石頭砸倒了，而且被砸殘了，讓她本來已經陷入困頓的生活，雪上加霜。

漢德麗喜歡舞蹈。五歲時，父母把她送進幼兒舞蹈班學習舞蹈。因為身體條件好，天賦高，領悟能力強，她很快就掌握了多種高難舞蹈動作，在各種級別的舞蹈比賽中，頻頻獲獎。

中學畢業後，她順利進入知名舞蹈學院繼續深造。在大二那年，她鬼使神差的愛上了她的舞伴——英俊帥氣的巴蒂爾，愛得如醉如癡，忘乎所以，並迅速與他同居。為此，她忘記了自己曾經樹立的人生目標，不再考慮父母對她的期望，只甘心愛一個人，被一個人愛著。

教授們多次找漢德麗談話，勸她不能因為戀愛荒廢了學業，更不能廉價典當上帝恩賜給她的身體條件和舞蹈天賦。可是，被愛情石頭砸中頭部的漢德麗，聽不進去任何勸導，經常曠課，最後竟然選擇輟學，放棄舞蹈。

巴蒂爾大學畢業，進入一家歌舞團工作，漢德麗在家做全職太太。可是，巴蒂爾收入不高，除去交房租，所剩無幾。漢德麗不得不找一份伴舞的工作，以補家用。

結婚後，漢德麗發現英俊帥氣的巴蒂爾並不是解決生活問題的高手。拮据、重複、瑣碎的生活，像一雙無形有力的大手，把兩個人按在巨大的磨刀石上，不停地打磨。

一天下班後，在漢德麗居住的社區門口，一輛轎車像一塊巨大的石頭，飛速向她砸過來。

她醒來後，發現自己躺在病床上。父母、巴蒂爾以及親友都在她的身旁，唯獨沒有那條熟悉的左腿。

為此，她憤怒地質問，為什麼那個人要酒後駕車？為什麼在社區門口還不減速？那麼多人，他為什麼偏偏要撞上自己？為什麼要廢掉一個舞者的腿？總之，她有無數個為什麼要問，但是，每個為什麼後面，都沒有答案！

她能選擇的，只有兩條路——要麼，適應一條腿的生活；要麼，結束自己的生活。

與她無冤無仇的醉酒司機扔出的石頭，不僅砸掉了她身體上的一條腿，也砸掉了她生活中的另一條腿。巴蒂爾在她出院一個星期後，也向她扔來一塊石頭——把離婚協議書放在她面前，不作任何解釋。

漢德麗連看都不看，就在上面簽了字。她感覺自己的周圍到處都是飛舞的石頭，多這麼一塊也無所謂。

她失去了一條腿，歌舞團的老闆自然會向她再扔過一塊石頭，讓她失業在家。

朋友問漢德麗，你就一點兒都不恨巴蒂爾嗎？他在你最無助的時候，用石頭砸你的後腦，置你於石堆之上，讓你的生活亂到令人無法接受的程度，你就沒想到放棄嗎？

漢德麗說：「石頭是別人扔給我的，已經讓我致殘。自殺，我想過，但那樣做，對自己既不公平，也不負責任。我不為深愛自己的父母活著，而為不愛自己的人死去，不是很傻嗎？不管那個該死的司機有意還是無意，畢竟石頭砸在我的腿上。還好，那塊石頭沒有砸在我的腦袋上，我的大腦還是健康的！」

身體康復後，漢德麗又重新練習舞蹈。她認為，生活中的石頭遍地都是，她只是碰巧被砸了幾次。如果她不能忘記那些疼痛，那幾塊石頭就會一直壓在她的身上。生活本身就是殘缺的，現在她能做的，就是用殘缺的身體能準確地演繹生活。

一條腿的漢德麗，要做她兩條腿健全時都沒有做好的事。她要用舞蹈語言，表達她對生活的理解和詮釋，難度可想而知。因為她追求的，不再是舞臺上容易被人忽略不計的伴舞，而是世界上獨一無二的舞蹈家。

殘缺、天賦、強大的內心，在這個時候幫助了她。經過兩年時間的艱苦訓練，她再次走上舞臺時，便傾倒了無數觀眾。殘缺中的完美，完美中的殘缺，讓人們找到久違的力量、消失多年的激情。

漢德麗在美國舞蹈界獲得巨大成功後，有記者問她，是什麼使她變得如此堅忍。她說是那些砸向她的石頭，她只不過是把那些石頭變成黃金而已。

漢德麗是一個善良的好人，然而，毫無責任感的丈夫、酗酒如命的司機、唯利是圖的老闆，都毫不猶豫、毫不吝嗇地把足以致命的石頭砸向她，讓她遍體鱗傷，苦不堪言。漢德麗沒有抱怨扔石頭的人，因為她知道自己已被砸傷，抱怨，只能使她在痛苦的深淵越陷越深，最後讓痛苦把自己淹沒。她把自己注意力，集中在石頭轉變成黃金的過程上。

石頭就是石頭，黃金就是黃金，二者沒有必然的連結。但是，我們可以把坦然接受、積極適應、主動改變當作催化劑，使石頭產生化學反應，進而變成黃金。

當然，催化這個化學反應絕對不會一蹴而就。如果我們被砸之後，沒有成為個案的決心，就不得不接受成為慘案的核心。

生活，就像一座礦山，我們都是採礦工人，憑藉一鍬一鎬，在礦山上挖掘自己想要的

我們看見陰影，是因為背朝陽光。
只要我們轉過身，就能面向太陽。

金子。每個人都想比別人多挖一點點，於是我們身邊經常鍬鎬亂舞，碎石紛飛。一生挖礦，不被石頭砸中，是偶然。詭異的石頭，隨時都會給我們帶來意想不到的災難。被那些石頭砸中，不是一種光榮，也不是一種不幸。它會逼迫我們考慮，是激情四射地改變自己的遭遇，還是行屍走肉地苟活於世。一旦我們選擇了前者，詭異的石頭就會發生奇異的變化。我們會獲得別人無法理解的激情，會書寫非同尋常的感動。

無論工作的挫折，事業的落敗，朋友的背叛，家庭的不幸，還是偶遇意想不到的巨大苦難，只要它們與我們遭遇，我們都要正確對待。也只有正確對待，才會讓我們尋找到另一種解決問題的答案。任何問題都有答案。解決問題，才是我們解除痛苦的最有效的藥方。

■我們看見陰影，是因為背朝陽光。只要我們轉過身，就能面向太陽。

第五章：假設我們異常的浮躁

我們看見陰影，是因為背朝陽光。
只要我們轉過身，就能面向太陽。

生活並不虧欠我們，我們虧欠生活

網上流傳這樣一則小故事，很值得我們反省和深思。

故事是這樣的。有一位國內名校畢業的學生A，舉全家財力，自費到美國一所大學讀工商管理碩士。因父母財資基本耗盡，A在留學期間的日常開銷，全部靠他到餐館打工維持，生活過得異常艱辛困苦。

A的夢想是在紐約華爾街世界知名公司獲得一份高薪、體面的工作。為了熟悉華爾街各大公司的情況，他便在華爾街附近的一家餐館裏找到一份洗碗的工作。

那家餐館規模不大，菜品卻很精緻、獨到。來小店消費的顧客雖然絡繹不絕，但老闆卻規定在用餐時間內最多接待五桌客人。因此，來此消費的人，一般都是華爾街上知名公司的高級白領或金領。

餐館的老闆與其他老闆不同。每天早上起床後，他不是到店裏上班，而是給妻子、孩子做好早餐。她們離家之後，他再到網球場打一個小時的網球，才會到菜市場按照顧客預訂表選購所需材料，回到店裏親自下廚製作，因為店裏只有他一個廚師。

A認為餐館老闆在經營方面既不專業也不敬業，更沒有經濟頭腦。餐館的菜品供不應求，顧客的預訂已經排到一個月之後，為什麼不多雇請幾名助手，擴大經營規模？像買菜這種瑣事，老闆沒有必要親力親為。

A曾經委婉地向老闆提出他的建議，但老闆卻不置可否，依然按照他的模式、節奏經營著小餐館，似乎他對投資、賺錢並沒有多大的興趣，一副得過且過的樣子。

有一天，幾個華爾街上知名的經理人離去之後，A望著他們的背影，非常羨慕地對老闆說：「等著瞧吧，我到他們現在的年齡，一定會比他們更強，獲得比他們現在更高的職位！」

在美國，有這樣一種好處。即使你在大街上對路人說，你的人生目標是當美國總統，也不會遭到他們的冷眼和嘲諷。因為在他們看來，只要個人努力，就沒有實現不了的理想。

老闆並沒有駁斥A的說法，而是用奇異的眼神看著他，轉而問道：「年輕人，你現在確定自己將來要過什麼樣的生活嗎？」

A不假思索地回答道：「這個問題，我在高中畢業時就想好了。我要努力學習，儘量拿到名牌大學的最高學位，然後在世界五〇〇強企業獲得一份高薪、體面、讓人羨慕的工作！」

老闆搖搖頭說：「不，我問你想過什麼樣的生活，而不是做什麼樣的工作！」

A說：「我想過上有豪宅、有名車、有高額存款、有漂亮妻子的生活。當然，前提是我必須在華爾街獲得一份高職高薪的工作，否則都是紙上談兵！」

「哦，這和我放棄的工作和生活一樣。我說的是放棄，懂嗎？」老闆歎了一口氣，繼續說，「現在美國的經濟很糟糕，如果照這樣下去，不出兩年，我的餐館可能也要倒閉了。那樣的話，我就不得不去對面的辦公大樓裏上班啦！」

「你是說如果餐館倒閉，就去對面的辦公大樓裏上班？你們美國人也太幽默了吧？」A瞭解自己的老闆了，這個以炒菜為樂的傢伙，連自己的小餐館都做不大，怎麼可能搞金融投資呢？儘管華爾街是冒險家的樂園，但冒險家也需要資本吧？

老闆非常嚴肅地對A解釋道：「我在哈佛大學獲得金融學博士學位之後，便到對面那家銀行做投資理財顧問。那時，與我七位數年薪等量交換的，是我每天必須面對似乎永遠做不完的工作，坐飛機到各國參加無休止的會議，回來後還是沒完沒了的加班。從上班第一天起，我就失去了真實的自己，失去了屬於自己的生活。給別人賺錢，給自己賺錢，就是我生活的全部。

「有一次，我身為一家公司做風險投資評估專案主持人。我在前面那棟大樓十九層左邊的辦公室裏生活了一個星期，吃的是涼漢堡，睡的是沙發，七天七夜沒有見到家人。回家後，聽到剛會說話的女兒喊我叔叔時，我才猛然意識到，儘管我有七位數的年薪，但我過的卻是乞丐般的生活。不，那種生活還不如乞丐，他們最起碼還有自由！

這絕對不是我和家人想要的生活。我的生活裏，應該有家人、有健康、有自己喜歡做的事，而不是為了滿足別人的需要，聽從別人的安排，拋棄自己和家人去做別人想做的事情。生活從不虧欠我，而是我虧欠生活，所以我的生活才會如此糟糕！

我從小就喜歡烹飪，喜歡把每一道菜餚做成精美的藝術品。看到家人和朋友對我的廚藝讚不絕口時，是我最開心的時候。於是，我毅然辭職，放棄那種工作機器般的刻板生活，以我熱愛的烹飪為職業，回到家人身邊，過著令我時刻都感到愉快的生活。

我創辦這家小餐館，目的有兩個：一是為了向大家展示我的廚藝；二是保證我和家人生活的完整。你以前對經營餐館的建議，會使我重新回到辦公大樓裏的生活模式，那絕對不是我想要的生活。只有我不虧欠生活，生活才不會虧欠我。上帝賦予我的時間並不多，我還不清那麼多債務！」

庸俗的社會，時刻提醒我們，錢、權、自己的面子、別人的評價有多麼重要，卻從不提醒我、心情、家人有多重要。我們活得好不好，全靠房子、票子、車子、面子來證明，而不是我們真實的感覺、感知和感受。

我們屬於人類，但我們不把自己當人，類也就成了累、成了淚。生活很簡單，生下來，活下去。但是，我們非得把生活這個簡單、可愛、清純的少女，打扮成披金戴銀、渾身鑲鑽的少婦，結果只能是以生活的名義把自己漸漸演變成牲口。

一日三餐，吃什麼都是為了一個飽；再豪華的宅子，不過是為了放下一張睡覺的床；再名貴的車子，說到底還是代步的交通工具。生活，對我們的要求過分嗎？不過分！是我們過分要求自己要過什麼樣的生活。生活，活的是內容，不是形式。我們活得好與壞，靠自己的感覺，根本不需要透過與別人比較來證實，更不需要因別人肯定而滿足。

生活，是用來享受的，不是用來難受的。幸福、快樂的生活，並不需要賺很多的錢，也不需要做出多麼了不起的成就。做自己喜歡的工作，和自己喜歡的人在一起，過一份充實、簡單、愉悅的生活，就是生活的本真，生活的全部。

以前，因為我們還沒有分清生存、生活、生命三者的真正含義，所以我們會瘋狂地透支、廉價地典當，最後虧欠了生活很多。

現在，我們找到生活的本相，生命的本真，成為自己生活內容的主宰者，主導自己的生命走向。

我們看見陰影，是因為背朝陽光。
只要我們轉過身，就能面向太陽。

隨時修改自己的墓誌銘

讓我們先做兩個簡單的假設。

假如在臨死之前，子女詢問，我們的墓碑上除了名字，還需要刻上什麼文字的時候，我們會做什麼樣的交代？

假如上帝給我們一個機會，讓我們從死亡反向活到出生，我們還會不會犯下相同的錯誤，錯過真正想做的事和真正愛過的人？

我們到陵園裏看一看就知道，很多墓碑上除逝者名字，一生的起始、終結時間，立碑人的名字和與死者的關係之外，其餘什麼都沒有，似乎他們活了一輩子，就是為了打發掉一段時間。這也許是因為國人一生總結，總結一生，最後對總結徹底厭倦了吧！

我們活著的時候，確實是經常總結，月總結，年總結，成功了總結，失敗了總結……但是，不得不說，我們那些掛在嘴上寫在紙上的那些總結，不過是走走過場做做樣子，僅此而已。

一生在總結，從未想改變。

我們總結了那麼多，對自己過去的人生真正總結過嗎？似乎沒有，否則我們就不會從未正確過，或者從未敢正確過。從出生開始，我們先是被別人欺騙，然後欺騙別人，總而言之，言而總之，我們一直在主動或者被動地欺騙自己。在總結中欺騙，在欺騙中總結，最後墓碑上只能留下名字和欺騙與被欺騙的時間段。

這絕對不是我們真正想要的生活。**生活從未欺騙我們，而是我們一直在欺騙自己，從未以真實的面目面對生活**。在生活的舞臺上，我們可以扮演各種角色，但是卸妝以後，就應該及時回歸本真，坐下來與內心深處的自己談談，然後把談話的結果總結成墓誌銘，權當作明天我們就會死去。

只有敢於假設明天自己將要死去的人，今天他才會做自己真正想做的事。

只有刻在墓碑上的文字，才是我們用一生時間悟透的道理，也是我們真正追求的東西。

所以，我們要養成寫下自己的墓誌銘，隔一段時間就拿出來修改、校正的好習慣。

人生無論長短，都是在犯錯誤與糾正錯誤中度過的。如果我們從不犯錯，就是從未真正經歷過什麼。即使當時是對的，以後也可能是錯的，要不然怎麼會有人生不如意之事十有八九之說？

如果不瞭解別人失敗的經歷，我們面對無奈的時代，就不知道二十幾歲時必須準備什麼，校正什麼；更明白三十幾歲時必須接受什麼，控制什麼。

從八歲開始，每隔四年，我便把自己四年的經歷或者感悟總結成一句墓誌銘。當時僅僅是當遊戲來做。現在看來，正是因為我不斷地反省和總結，並把結果形成墓誌銘，對我以後的選擇具有警醒、鞭策的作用。

下面便是我這些年給自己寫下的墓誌銘，從中可以看出我心智成熟的軌跡，也可以看出我不斷校正自己努力方向的痕跡。

八歲的墓誌銘：

投胎須謹慎，這決定你未來二十年內活得像人還是像鬼。

我出生在一個連吃飽飯都成為最大難題的農民家庭。小學時，我除了完成學業，還要承擔超負荷的艱苦勞動，卻依然過著食不果腹的生活。父母不是不勤勞，而是他們努力的方式或者方向不對，導致他們辛苦一生，貧窮一生，同時又殃及孩子，讓孩子雖然是人，活得卻像鬼。

十二歲的墓誌銘：

兒子不好意思說出你的名字，只因為你的名字確實讓他不好意思。

世人有一個習慣：三十歲之前看父敬子，三十歲之後看子敬父。這句話的意思是說，在我們三十歲之前，別人以什麼態度和眼神看待我們，取決於我們父親的社會地位、身份和擁有的財富；父親在三十歲之後，別人以什麼態度和眼神看待他，取決於我們的社會地位、身份和擁有的財富。

要想讓自己的孩子在別人面前不自卑、不怯弱，我們就應該成為他的驕傲，這是身為人父的責任和義務。請不要讓我們子女慷慨激昂地說：別人與我們比父母，我們和別人比明天。這是一種無奈，也是一種悲壯。

十六歲的墓誌銘：

想在同齡人的前面，就會活在同齡人的上面。

機會永遠屬於有準備的人。我們需要的機會並不多，一生中有兩三個機會，足以改變我們的命運。不是我們缺少機會，而是機會出現時我們一無所有、一無是處，只能眼睜睜地看著別人成名、發財。

不是有了希望才努力，而是因為努力才有希望。在同齡人苦練內功積極準備時，我們為一時之樂廉價典當青春，日後在社會的戰場上，赤手空拳的我們，只能成為武裝到牙齒的同齡人的俘虜，供其驅使。

二十歲的墓誌銘：

大學是世上最聰明的妓女，我卻是史上最弱智的嫖客。

大學，正是一個人一生中最佳的學習、思考時間，然而，經過十二年非常人能忍受的強行灌輸，我們早已厭倦了這種艱苦的勞動。反智反人性的教育，讓我們忘記了自己喜歡什麼，想做什麼，所以，我們所學專業，都是望文生義的選擇。

在大學，既不懂社會需要也不明白自己需要，因為失去督促，沒有升學壓力，使第一次獲得自由的我們，把放鬆變成放縱，報復性地典當青春，遊戲人生。花了一麻袋的錢讀完大學，大學給我們的知識，卻換不來一條麻袋。

走上工作崗位，我們才意識到自己一無所知，不得不瘋狂地惡補，以贖回大學期間的虧欠。

二十四歲的墓誌銘：

知道錢該怎麼賺，更要清楚錢應該怎麼花。

從幼稚園到大學，我們接受二十年的教育，卻沒有人告訴我們錢的真正作用，錢應該怎麼賺，應該把錢花到什麼地方。

人生的前二十年，我們習慣拿著父母的血汗錢，滿足自己不同程度的物質需求，不以寄生為恥，而以闊綽為榮，把錢都花在毫無意義的地方，得到的是一時的快樂，換來一堆必須償還的帳單。

花錢，是一種投資行為。把錢花在正確的地方，會給我們帶來更多的財富；把錢花在錯誤的地方，會讓我們越來越貧窮。

富人與窮人的區別，不在於富人擁有多少錢，而在於富人知道如何正確支配錢。遺憾的是，我們把所有的錢都花在房子、車子、女子、孩子身上，並且一直為其努力，最後成為他們的奴隸。

二十八歲的墓誌銘：

不知道別人要什麼，就不知道自己缺什麼。

在成長過程中，我們只習慣關注自己，而不習慣關注別人，在三十歲之前，除了錢，我們根本就不知道自己缺什麼，更不知道別人要什麼，所以從來不會主動準備什麼。

因此，我們一直被動地生活，被動地被選擇，錯過了一個又一個機會，使自己束縛在固定的社會層面上，過著一成不變的生活。

誰能滿足別人的需要，誰就能主導時代。我們不被別人需要，是因為自身的價值非常有限。在社會上，大多數人處於可有可無的位置，甚至成為家人的累贅和負擔，這絕對是一種悲哀。要想改變這種尷尬的局面，我們必須靜下心來，選擇一個方向，堅持下去。

三十二歲的墓誌銘：

此時錢不來找你，此後你將永遠走在找錢的路上。

三十歲之前不為自己選擇一條路，三十歲之後，我們便無路可走。

有的人賺錢，像彎腰撿錢那樣容易；有人賺錢，像沙中濾金那樣艱難。不同的人，有不同的賺錢方式，這種方式決定了賺錢的難易和多寡。

在一個行業中，我們是可有可無的路人甲，還是一呼百應的大人物，取決於我們在這個行業的知名度、影響力、支配的資源和調動的人脈。

有勢，才會有利。在一個行業中，如果我們還沒有形成勢，利就無從談起。

三十歲之前，我們在一個行業中，不計算得失，不考慮榮辱，耐得起寂寞，經得起拒絕，從底層慢慢熬起，把能做到的事情做好，把能做好的事情做精。三十歲之後，我們才有可能成為別人的搖錢樹聚寶盆，錢自然會主動找我們，賺與不賺，看心情，而不是看需要。

從我不斷修改的墓誌銘中就可以看出，我對社會的認知是不斷改變的，我的心智也是不斷地接近成熟。對墓誌銘的每一次改寫，都是總結我在一段時間內的得失、反省自己的蛻變。人生只能經歷一次，所有的人生遊戲都不可能存檔再玩。所以，我們不得不主動總結，主動校正，才不會讓我們在錯誤的方向上越走越遠。

無論現在我們年方幾何，都應該認真地寫下自己的墓誌銘，然後不斷地進行修改，使自己永遠走在正確的道路上。只有這樣，最後刻在我們墓碑上的文字，才是我們感悟一生的真諦，才是後人可以直接複製的財富。

■我們看見陰影，是因為背朝陽光。只要我們轉過身，就能面向太陽。

第六章：假設我們還想晉升幾步

不能不服的零規則

在很多機關、公司的管理條例中，對經濟方面的獎懲制度都制定得非常明晰，觸犯哪條罰多少款，既嚴厲又及時，唯獨不會對員工晉升有明確規定。譬如，公司不會明確規定，一個職員做出多大的貢獻，可以晉升到什麼職位。

公司對員工的晉升不採取量化管理，卻把各級管理人員的薪資、待遇標註得非常明細，大到住房、配車、出差消費許可權，小到薪水、福利待遇、報銷特支等。級別越高，許可權、權力越大，待遇規格越高。總之，級別越高，顯性、隱形收入越多。

公司為什麼會這樣做呢？領導的目的很明確，就是想讓員工人人想晉升，人人想當官。

領導不怕員工有需要、有想法。滿足員工的需要、實現員工想法的大權，掌控在領導手裏，那麼，一旦員工有想法，就必須與領導同心同德，同步同行，並且隨時、及時地滿足領導各種合理與不合理的需要，領導才會滿足員工的需要。

這是強勢與劣勢的不對等的交易，不服不行。

大部分公司，均實行一把手負責制。一把手就是公司裏的「帝王」，對所有員工的前途、收入有掌控權和決定權。公司的副總、中層領導，對公司的大事小情，只有建議權，沒有決定權。總之，無論財務還是人事的問題，最後都得一把手說了算。

這就導致職場零規則的產生。所謂零規則，就是指公司各個級別的領導，實行層層任命制。即：公司的大小領導，不是由員工選舉產生，而是由上級推薦、任命的。

作為職員，我們有一點必須明白，能當官和能做事是兩碼事。當官的，肯定是一把手需要的人；能做事但當不了官的，是公司業務需要的人。如果我們不是領導需要的人，即使能力再強，領導對我們只能用「重」，而不會「重用」。在公司的關鍵時刻，領導會派我們出去解決麻煩，但決不會讓我們擔任一個部門的負責人。

不能當領導的員工，永遠起得比公雞都早、睡得比老鼠還晚、幹得比牛還多，拿得比螞蟻還少。一旦我們成為領導的整治對象，有功不獎，有過必罰，不被玩死算我們命大。我們的能力，抵不過領導的脾氣。

當然，我們可以一走了之。此處不留爺，必有留爺處。但是，職場零規則無處不在。我們可以躲過一個齷齪的領導，但我們躲不過這個不得不服的職場零規則。

人往高處走，水往低處流。同樣上八個小時班，領導與員工的收入、待遇、許可權相差可不是一星半點兒。權力，代表著很多東西。所以，既然來上班，我們就要以不拋棄、不放棄的精神，力爭管人，不被人管。

想當官，並不是無恥。想當官，當不上才是無能。我們不當，總有人當。一個職位，被一個無恥而不是無私的人佔據，後果如何，可想而知。至於你信不信，無所謂，反正我信了。

不可否認，這是一個靠爹的時代。老子英雄兒好漢這句話，有了新的解釋。首先，老子必須是英雄，然後兒子才可能是好漢。即使兒子不是好漢，也會佔據屬於好漢的位置充好漢。

爹，是我們無法選擇的。在社會中處於劣勢的我們，就是吃了爹無能的虧。吃虧必須長見識，我們絕對不能再讓兒子也吃爹的虧。我們的不作為，就是兒子一生償還的高利貸。

有人會說，我有自己的做人原則和做人底線，不會違心做自己不願意做的事。有這樣的原則和底線，很好，但是，這是做人，不是做事。做人成功的人，不一定能做事；能做事的人，不一定能做官。反之亦然。

也有人會說，我靠本事吃飯，不為一官半職、三五斗米折腰。這也很好，有志氣，有骨氣。但是，現在是靠資源、靠平臺打天下的時代。再好的演員，離開舞臺和製片人，什麼戲都演不了。英雄無用武之地，無異於庸人。

在領導眼裏，沒有人是不可或缺的。這個世界上，最缺的是人才，最不缺的也是人才。領導想用，就缺；不想用，就不缺。職場裏，缺了誰，都不會寂寞，依然繁華似錦、熱鬧如昨。我們把自己不當回事兒，別人就不會把我們當回事兒，我們一輩子也就做不成什麼事兒。

我們進入職場，就必須遵守職場無處不在的零規則遊戲。任何遊戲，都有一定的規則。參與遊戲的人，必須按照遊戲規來玩，才有的玩，否則就被玩。這也是遊戲規則的一種。

我們看見陰影，是因為背朝陽光。
只要我們轉過身，就能面向太陽。

遵守職場零規則，不是讓我們徹底放棄自己的做人原則、做事底線，淪為供領導驅使的奴才，而是時刻分清本色和角色的關係。只要我們按本色做人，按角色做事，就會成為職場零規則遊戲中的贏家，而不是受害者。

職位，就是我們在公司裏、八小時之內扮演的一個角色。這與生存有關，和生活無關。我們要做的，就是按照領導編寫的劇本，一板一眼地演好領導需要的角色。

既然必須要演戲，我們為什麼不演名利雙收的主角，而去跑默默無聞的龍套？這個舞臺好壞，導演德行如何，我們無法決定。我們能做的，不是改變，而是選擇和放棄。一旦選擇了，我們就要遵守遊戲規則，廢話少說。因為，我們不是遊戲規則的制定者，而是參與者和執行者。

身處劣勢地位，我們可以有骨氣，但不能有脾氣；可以有傲骨，但不能有傲氣。在確定好自己的職場目標之後，學會坦然接受，學會滿足領導的需要，才能滿足自己的需要。

因為我們有需要，所以必須遵守職場零規則，別抱怨。如果一定要抱怨，那就抱怨自己的劣勢。

無規則也是一種規則

職場上，不僅有明規則、潛規則、零規則，還有無規則。無規則，不是沒有規則，而是規則不定性、不定向，隨意性非常強，一事一變，一人一變，很難讓人把握。

職場上之所以會有無規則遊戲，說到底，還是為了滿足領導需要而存在的。因為無規則的特殊性，更能彰顯領導具有合法傷害的威力，讓有需要、有訴求的員工不得不唯領導的馬首是瞻。作為劣勢員工，我們可以對之鄙夷，但不能不服。一旦略有不服，受到嚴重傷害的總是我們，不用問為什麼，因為這種傷害沒有標準答案。

有監督手握重權的領導制度嗎？肯定是有的。但是，上級監督太遠，平級監督太軟，下級監督不敢，這就導致一把手負責制度下的一把手，成為小圈子裏各種遊戲規則的實際制定者和裁判者。因為監督無力，使他們在制定遊戲規則時，執行的是多重標準。他們從沒想到要用這些來約束自己，而是想約束他人。

在職場中，從本質上講，只有一把手的需要才是永恆的規則。而一把手的需要，又是隨性的。伴隨著一把手的需要不同，明面上的顯規則效力會時有時無。因為一把手想提拔誰或壓制誰，誰就會成為受益者或受害者。

或者說，一把手想讓誰成為遊戲的受益者，誰就會受益。很多時候，這與受益者的能力關係不大。從這種角度來講，看似充滿規則的職場又是無規則的。

不過話說回來，無規則也是一種規則。

在無規則遊戲無所不在的職場中，我們職位是晉升還是降級，還是像個陀螺似的在原地打轉十年不變，都取決於一把手的對我們的態度和看法。我們能時刻滿足領導的需要，就算我們能力不強、業績一般，他也會有充分的理由幫助我們上位；相反地，我們和領導不是一個方向，不在一條路上，就算我們才智雙全、業績卓著，最應該受到提拔或者加薪，他也會視若無睹，甚至還會視我們為眼中釘、肉中刺，背地裏陷害我們。他這樣做的目的只有一個，就是阻塞我們加薪、晉升之路。他的最終目的，就是讓我們離開，到千里之外。

從理論上說，加薪、晉升的人選應該是德才兼備、能力突出者，只要公司裏有機會有位置，這樣的人均應該晉升或獲獎。但在實際操作過程中，並非如此，而是常有「人為機遇」的現象。**所謂「人為機遇」，就是領導人特地為了某些人設置一些條件，使符合「條件」的人能「脫穎而出」。**

比如，在某個公司裏，有小李和小王兩個員工。小王是領導的嫡系，小李則是領導訓不「熟」的「倔驢」。第一年，小王的業績在員工中最好，領導就以業績作為提拔人才的標準。結果可想而知，小王晉升，小李原地不動。

第二年，小李拼命奮鬥一年，業績在員工中最好，期待年底晉升。沒想到，年終考核時，領導重新制定員工晉升規則。與去年不同的是，這一次考核標準是民主評議、領導決定。民主評議結果如何，每個人僅知道自己是怎麼評的。至於領導依據什麼決定，不得而知。最後，小王又晉升一級，小李依然不動。

領導想提拔的人，總有提拔的原因；領導想壓制的人，總有理由壓制。「說你行，你就行，不行也行；說你不行，你就不行，不服不行。」職場中的這種無規則遊戲，其實不僅展現在晉升方面，還展現在各個方面。

比如，在某公司裏就發生這樣一件事情。第一年，領導的心腹員工甲業績最好，領導交代財務部，年終獎金可以報銷的方式領取，從而使領導心腹合理避掉十萬多元的個人所得稅。

第二年，領導不喜歡的員工乙業績最好。於是，領導交代財務部，今年的年終獎金不能以報銷的方式領取。結果這位業績最好的人繳納了十萬多元的稅。

做出同樣的業績，甲乙兩個人的收入卻差十萬多元。

合理不合理，領導一張嘴。這就是無規則遊戲。一旦我們成為領導討厭的人，無論我們優秀還是平庸，就會成為總是倒楣那個人。

類似的事情，還有在人事異動時，上級主管會明確提出某個下級單位工作團隊成員各個方面的要求，表面上是為了加強團隊建設，使管理結構顯得更加「合理」。但這種非常有針對行的要求，與能者上、庸者下的原則相悖。比如，強調性別，一些優秀的女性幹部不免感歎自己不是男兒身；強調年齡，一些頭髮花白的老幹部頓覺前途黯淡。

為什麼幸運的總幸運，倒楣的總倒楣？這是在職場中，在一把手負責制的背景下，很多遊戲都是先比賽，後裁判。一把手既是遊戲規則的制定者，又是裁判者。由於一把手、一支筆的特點，無論遊戲規則怎麼變化，最終總是讓一把手時刻得到滿足，或者總是讓一把手想讓受益的人受益。

說得再形象一些，領導在實際操作過程中，都是「選好蘿蔔再挖坑」。他們總是為自己喜歡的蘿蔔量身定制一個坑，讓其他的蘿蔔無坑可尋或望坑興歎；他們總是「量體裁衣」，按照自己想要提拔的人的條件「量身定做」相關晉升制度。所以，我們不得不說，很多公司、單位裏的制度是寫在紙上、掛在牆上和說在嘴上的。

我們可以罵娘，但沒有遊戲玩，才是最可悲的。

面對社會上種種不公正的現象，我們要承認、要接受，不要過度抱怨。因為，規則總是強者制定的。矯捷迅猛的獵豹讓小動物們聞風喪膽，但獵豹一旦遇到老虎和獅子，便扔掉獵物，以極限的速度逃竄，這便是弱肉強食的叢林生存法則。身為有思想的人，固然不等同於獵豹、獅子和老虎等野獸。不過，文明的人類世界，也在無形中，有意或者無意地充斥著叢林法則。

我們不否認，社會的發展，肯定是向著更文明的目標前進的，公正、平等才是構建文明社會的基因。然而，「一切蘿蔔生而平等」，只是理論上的精彩口號。有些蘿蔔，在實際生長過程中，不得不面對和接受來自各種的不平等。據說這是一種人之常情。

悠悠華夏五千年，人之常情的歷史自然也無比久遠。不管我們信不信，這樣的領導無處不在：他們總是在不動聲色地為自己喜歡的蘿蔔「挖著坑」，繼而栽培這些蘿蔔成長。反過來，這些被栽培的蘿蔔就位後，又會變相地實現「領導意圖」。

人性中有善也有惡，領導也不例外。身為員工，如果與領導為善，則其人性中的善就會發揮作用；如果與領導交惡，則其人性中的惡就會發揮作用。在「先選蘿蔔再挖坑」的灰色競技場中，我們是選擇做一個領導喜歡的「圓蘿蔔」，還是選擇做一個領導厭惡的「長蘿蔔」呢？這要看我們的需要了，別人說了不算。

任勞不任怨，無功

清朝乾隆年間，有一個知府想取代他的上司當上巡撫，向老謀深算的師爺問計。

師爺問知府：「上半年巡撫大人走馬上任，你去參拜時，他對自己獲此肥缺的感覺如何，他有什麼嗜好，平時與什麼人接觸呢？」

知府想了想說：「這一點我還真的注意觀察了。他出任巡撫，卻無比的淡定自然。我們送給他的銀子，他婉言拒絕，概不收受。我私下向他的屬下打聽，下屬說他大公無私，廉潔守法，每天工作到深夜，不知疲倦。平時他不與任何人接觸，不交什麼新朋友，與老朋友也很少來往，過著清心寡欲不求聞達的普通人生活。」

師爺聽後，搖搖頭說：「現在你要想取代他，根本不可能。你再耐心地等待一段時間吧，皇帝派他來，就是看中他有如此的官品和工作態度！」

三年過後，巡撫任期已滿。知府覺得自己取而代之的時機到了，又來找師爺商量。師爺又問他詢問巡撫最近對待工作和生活的態度。

知府回答說：「皇帝讓他出任本省巡撫，目的就是想憑藉他的管理能力，造福地方，供給中央。三年來，他工作勤懇，廉潔奉公，怎奈總督從中作梗，各地知府、道台拒不配合，處處受制於人，使他有想法沒辦法。近一年來，他雖然沒有疏於政務，但時常沉迷於飲酒博弈，脾氣也變得暴躁古怪，言談偏激。」

師爺面露喜色，說：「老爺，你的機會出現了，但尚未成熟。如果皇帝讓他連任，你暫時還須耐心等待。如果他調往別處，總督也會另舉他人，但絕對不是你。」

皇帝並沒有把巡撫調往他處，命他繼續連任。

一年過去了，師爺向知府打聽巡撫的近況。知府說：「他與總督政見不一，已經形同水火。他對本職工作已經心灰意冷，萬念俱焚。凡事消極對待，不問政務。與人交談時，牢騷沖天，抱怨不止。夜晚混跡煙花柳巷，縱酒享樂。」

師爺聽後喜上眉梢，說：「恭喜老爺，賀喜老爺，您離主政一省的日子不遠了。」

知府納悶，問道：「你何出此言呢？」

師爺說：「因為他自命清高，為官清廉，以效忠皇帝為使命，不屑與總督為伍，成為其他官員發財晉升的絆腳石，因此他時刻面臨總督的刁難和壓榨，下屬的敷衍應付，在官場上腹背受敵，獨木難支。現在，他開始懷疑自己堅持的結果，做官的底線動搖下落，把最初的希望變成三年後失望，現在又把失望變成絕望，所以才有他的身心疲憊，自暴自棄，焦躁易怒，甘居下流。」

「我現在應該怎麼做呢？」知府問道

師爺說：「現在你要做四件事：一、想盡一切辦法接近總督，滿足他的一切需要；二、收集巡撫在各種場合對皇帝、總督、京城各部官僚的抱怨之詞，然後在省城、北京廣為散佈；三、利用各種場合和機會，提醒本省各位同僚，說巡撫大人是一位獨斷專行、剛愎自用、多疑善妒的人，讓所有人都不聽他的話，不信他的話，徹底孤立他；四、時刻激怒他，讓他喪失理智，徹底崩潰，直至瘋狂。」

知府依記而行。一年後，巡撫被罷免官職，押至京城接受審查。由於總督的大力推薦，知府勝任巡撫。

為官清廉、能力突出的巡撫，倒在抱怨和牢騷上，深深地刺激了知府。他以此為戒，並寫下一句座右銘，時刻提醒自己：任勞不任怨，無功；任怨不任勞，無用。

混跡職場幾年的我們，不再是職場的鴕鳥，也失去了最初入職時的衝動，在一家公司已經工作幾年甚至十幾年，或者已經成為公司裏擁有無限期合同的老員工或老資格。

如果我們是公司的老員工，如果我們還在公司底層，職位巋然不動，問題只能有二：

一、我們能力確實不行，屬於混薪水混日子那種人，但這種情況不多。如果沒關係沒背景，沒有哪個領導能允許我們混這麼多年；如果有關係有背景，即使我們一無是處，也不會在底層待這麼多年，最起碼也能混個一官半職。

二、大多數情況下，是因為我們有能力、有個性、有原則、眼裏不揉沙子，任勞不任怨。我們雖是公司需要的人，但不一定是領導需要的人。

江山易改，本性難移。我們一直堅持做正直、坦蕩的人，不會因為別人的需要選擇削足適履。我們都愛錢，但卻遵循著取之有道的原則，很難為多餘的幾斗米違背自己的內心。

在一家公司待久了，我們肯定對公司的體系、背景、內部鬥爭、主管弱點、制度缺欠、同事能力一清二楚，受到老闆的錯待、同事的傾軋、制度的限制比新員工要多一些。

在這種情況下，如果我們的領導胸襟狹隘，用人唯親，不以制度管人，不以業績論人，不以利益留人，而是為了一己之私，欺上壓下，製造各種麻煩讓我們難堪、難做，必導致我們產生逆反、膩煩心理。

內心有鬼的領導，對我們這樣的老員工會有用並痛恨著的感覺。

領導用我們這樣的員工，是因為我們人脈廣，資源多，經驗足，解決問題能力強，在業務上能獨當一面，是公司不可或缺甚至是無法替代的骨幹，並且握有無限期合同，不是領導想辭就能辭的。

領導恨我們這樣的員工，是因為我們身有所依，心有所繫，靠本事吃飯，不買領導的賬，對只會當官不會做人更不會做事的領導，瞧之不起，看之不上，一眼就能看穿領導制定遊戲規則的真實目的，還可能說在當面，讓領導無法演戲裝傻。

這樣，領導與我們之間，就像訴求不同的老夫妻一樣，在一起彆彆扭扭，分手彼此損失巨大，只能各揣心腹事，心照不宣，井水不犯河水，埋頭過自己的日子。

但是，領導就是領導，手握利益分配大權，為了樹立他大權獨攬的權威，必然願意把唯他馬首是瞻、時時能滿足他需要的員工，提拔到重要崗位上，態度比能力更重要；把那些做事有原則、做人有底線、視人品高於一切、愛公司勝過愛領導的員工，處處邊緣化、冰凍化，讓他們徹底淪為給公司賺錢的驢子，幹得最多，拿得最少，職位永遠不動，薪水永遠不漲。

忠於公司不忠於領導，會讓聰明而不精明的我們，成為苦命一族，終日裏心不甘情不願地被動接受領導的刁難，難免心生怨氣，牢騷沖天。

在公司裏飽受壓榨的我們，因為自己的堅守，無法改變自身處境。在與領導的敵對情緒難以改變、矛盾無法調和的狀態下，我們的內心自然是苦悶的、憤怒的。再有忍耐力的人，也禁不起鈍刀凌遲。我們需要表達自己的失望和失意，宣洩自己的不滿意、不如意。

這似乎是一個必然結果。

如果我們面臨此種情況，能不能反思一下，這樣做好嗎？對改變不如意的狀況有用嗎？是不是已經把自己陷入一個深不見底得沼澤之中，越掙扎陷得越深呢？

很多事實證明，我們作為不受領導賞識的員工，這樣做不但對解決矛盾無益，還會使我們的內心始終處於糾結之中，終日處於憤怒的狀態。最大的麻煩是，失去理性、逢人抱怨的我們，更容易成為領導不放心、不信任的人，他們絕不會放過任何一個機會，對我們採取外科手術式的打擊。同時，我們的抱怨和牢騷，也會成為別有用心的同事在領導面前表忠心的證明。一旦我們的抱怨被人添枝加葉地傳到領導耳朵裏，會有什麼樣的後果，你懂的。

任勞不任怨，無功；任怨不任勞，無用。這句話放到現在的職場，也具有一定的警示作用。

不論能力如何，資歷多高，如果不想獨立創業，作為員工，有一點我們必須清楚：**我們需要公司，公司並不需要我們。在一個公司裏，沒有人不可替代。**

如果我們沒有離開公司的魄力或打算，不論公司的管理有多麼的混亂，領導的人品多麼糟糕，自己的處境多麼悲慘，我們對此產生的任何抱怨、牢騷都是毫無價值的，最後吃虧的還是我們。領導再差，也能決定一個員工的得失；員工再有本事，也不過是供人差遣的卒子。

知人不如懂己。不能給我們帶來改變的同情，是可有可無的憐憫。如果我們有堅持，相信自己是對的，那麼就不隨流，不從眾，在堅持中收住自己的心，管住自己的嘴，做好自己的事，守住自己的底線，就沒有人能把我們怎麼樣。

人在做，天在看。領導可以對我們視而不見，忽略不計，但整個行業的人都在關注著我們的一言一行，一舉一動。只要我們榮辱不驚，得失不計，專注於事，總會遇到真正賞識我們的人。

我們看見陰影，是因為背朝陽光。
只要我們轉過身，就能面向太陽。

不要被資格和客觀條件限制

在某些地方，不論做什麼，都是講究資格和條件的。古今都是如此。我們想做什麼事，總會有人用關心的口氣質問：你有資格做嗎？你具備條件嗎？如果我們不具備，就有了癩蛤蟆想吃天鵝肉之嫌疑。

找工作，聘方往往先看應徵者的經驗或成就；沒有經驗成就的，連看都不看。無論天才還是鬼才，沒有這個，連嘗試的機會都沒有。所以，在我們的思維中，資格和條件遠比能力重要，即使最終還是要靠能力解決問題。

事實上，很多工作，並不像開飛機、治病、科學研究等，具有很高的知識或技術含量。譬如大公司的行政工作、銷售、後勤保養等。這些工作，只要敬業、用心、動腦，善於總結經驗，就沒有做不好的。

很多工作不是我們不能做，而是沒有資格做，或者沒有機會做。

每個行業都是近似封閉的圈子，圈內的人總是把自己的工作形容得神秘莫測，擔心更多的人進入圈子，分自己一杯羹；圈外的人總是對圈內的工作充滿畏懼感，習慣性地認為自己不能做，或者做不好。

如果我們現在一事無成，真正的原因不是我們一無是處，而是我們在生存需要面前，習慣選擇做親戚朋友們從事的工作，或者走別人走過且證明沒有風險的路。在父母、老師否定教育模式下，我們漸漸地成長為服從、聽話的人，缺少異想天開的膽量，沒有做第一個吃螃蟹的勇氣。

一百多年前，在英國有這樣一個女人，她因為一無學歷，二無能力，只好在姐姐的飯館裏做雜工，賺到的薪水勉強夠糊口度日。

有一次，她聽說有一個能改變別人命運的演講家，要來倫敦演講。對自己生活狀況一直不滿意的她，非常想去聽一聽。她認為，她的命運非常有必要改變，但她卻不知道怎麼改變。於是，她就拿出她的大部分積蓄，買了一張票，坐在前排，希望從演講家那裏找到改變命運的方法。

那是一場非常精彩的演講，內容涉及她從來都沒有想過的很多問題——時刻都令她感到頭疼的那些問題。演講家的話深深地觸動了她，感染了她。她決定演講結束後，親自去拜訪演講家，當面向他取經。

那個平易近人的演講家，並沒有因為她是飯店裏的雜工而拒絕她。這給了她尋找答案的勇氣。

「聽說現在很多出版社爭相高價購買您的書稿，很多企業願意給你高昂的出場費，請你去演講。能不能告訴我，你為什麼會有那麼多的賺錢機會？我怎樣做才能像你那樣，時刻都有令人羨慕的賺錢機會？」

「你沒有賺錢的機會？」演講家反問她。

「雖然我從小就知道機會的重要性，但從來就沒有碰見過。」她一臉的無奈和沮喪。

「你討厭現在的工作？」

「我每天都不得不在小飯店裏做地位最低、收入最少、最辛苦的工作。別說經理，就連切菜的師傅都有權利支配我做任何事情！」

「是嗎？這個工作你做多久了？」

「十五年了！我開始只是想存點兒錢換個好工作，沒想到，結果卻是有花的沒存的。這個工作，雖然我不喜歡，卻沒有勇氣扔下。就這樣，我迷迷糊糊地做了十五年！」

「你在飯店裏什麼地方工作？」

「一個負責後廚摘菜的人，還能在哪裡工作？當然是坐在廚房最低的臺階上！你問這個幹嗎？」

演講家沒有回答她的問題，而是繼續問道：「工作時，你的腳放在什麼地方？」

「除了地上，我還有選擇嗎？」她有點不解，有點憤怒。她花掉三個月的薪水來見他，不是來和他話家常的。

「你的腳下是什麼？」

「瓷磚鋪的地面！」

這時，演講家一本正經地說：「親愛的女士，如果你想改變自己的命運，現在就接受我給你的一項作業。你回去之後，利用業餘時間，仔細研究一下腳下的瓷磚，把研究結果用寫信的方式告訴我。這是我的地址。」他撕下一張紙，寫下地址遞給她。

因為迫切想改變命運，這個女人對此並沒有多想。她認為，既然這個演講家被世人奉若神明，那麼他說的話一定有道理。

於是，她每天在摘菜的時候，就關注著腳下的瓷磚。為了全面瞭解和瓷磚有關的知識，她利用工作之餘，去各大建材市場考察，研究瓷磚的品牌數量、品質差異、受歡迎程度等問題。

漸漸地，她對瓷磚產生了濃厚的興趣。為了作進一步研究，她還到知名的瓷磚生產廠家實地考察，瞭解瓷磚的生產工藝和流程，甚至包括工廠的歷史。

對瓷磚接觸得越多，她越覺得需要研究的問題越多。後來她就去圖書館，查閱所有和瓷磚有關的資料，還給這方面的專家寫信請教。

透過查閱資料，請教專家，她瞭解到，當時的英國，已經能生產一百二十多種類瓷磚。她還發現，由於幾百萬年前氣候的變化、地殼變遷，各地形成不同性質的黏土，適合燒製不同種類瓷磚等。

這時候，她已經忘記自己是餐館裏的雜工。她把工作以外的時間和精力，全部投入到對瓷磚的研究當中去。研究瓷磚，已經成為她生活中的重要組成部分。

一年後，她給演講家寫了一封長達三十六頁的信，詳細地介紹了瓷磚產、銷、用的常識。出乎她意料的是，不久她就收到了演講家的回信、刊登這封信的樣刊以及豐厚的稿費。原來，演講家把她的研究成果，推薦到一家瓷磚雜誌發表。

她實在沒想到，原來認為她沒資格、沒條件做的事，自己認真去做了，竟會變如此簡單。一個人可以成為任何方面的專家，只要他想做、非常投入地做。

現在她又困擾了，不知道自己應該繼續在廚房裏工作，還是繼續研究瓷磚。演講家又給她了一個任務：看看瓷磚下面的螞蟻。

這次，她先去了圖書館，查閱了很多關於螞蟻的資料。她實在沒有想到，世界上的螞蟻，居然有上萬種之多，形體各異，大小不同，生活習性迥然。

小小的螞蟻，又引起她極大的興趣。她再一次把自己所有的業餘時間，全部用在查閱螞蟻方面的資料、觀察螞蟻生活習性上。

最後，她還養了很多不同種類的螞蟻，一邊觀察，一邊研究。兩年後，她已經寫下幾十萬字的螞蟻觀察筆記，從瓷磚專家變成螞蟻專家。她把研究筆記整理成書稿，寄給演講家。

演講家把她的書稿推薦給科普類出版社出版發行，成為當年科普類暢銷書。

從此，她辭掉小飯店工作，專門從事科普通俗讀物的寫作。幾年後，她成為英國家喻戶曉的科普類讀物專職作家。

從這個女人的故事裏，我們應該意識到：我們習慣性地認為只有具備了某些條件才有資格去做某些事，這是一個惡俗的誤解。條件和資格都是別人設置的，跟我們無關。本事和能力，不是我們與生俱來的，也不是我們在學校裏獲得的。它們是我們在追求中獲得的，不是別人免費贈送的。

一些工作，只要我們認真去做了，就會發現，它並沒有我們想像的那麼難。

一些工作，只要我們沒有去做，或者還沒有做成，別人就有否定我們的權利。否定，不管是善意的還是惡意的，只要我們在乎，就會成為埋葬我們事業的墳墓。想做不敢做，卻被別人不負任何責任的評論埋葬，是悲劇，更是悲哀。

一群農民、苦力，被逼無奈起義造反，打贏了一場場震驚世界的戰役，最後都成為傑出的軍事家。由此看來，資格和條件，都是一批人用來限制另一批人的。如果我們接受了，恐

我們看見陰影，是因為背朝陽光。
只要我們轉過身，就能面向太陽。

懼了，它就成為我們複製父輩悲慘命運的理由。

想做一件事，只要開始就不算晚，無論我們二十五歲，還是八十五歲。

第七章：假設我們還想為金錢而戰

我們看見陰影，是因為背朝陽光。只要我們轉過身，就能面向太陽。

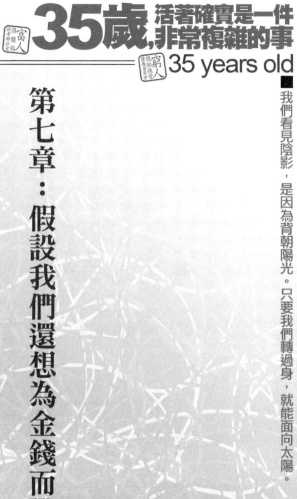

我們看見陰影，是因為背朝陽光。
只要我們轉過身，就能面向太陽。

正事不一定是正確的事

我們的父母、老師和老闆，都希望自己的孩子、學生和員工做「正事」——他們認為對我們來說無比穩妥、無比正確的事。一旦我們拒絕做他們眼裏的「正事」，就會被認為不務正業，不走正道，朽木不可雕也。

何為正事？「正事」的標準就是無條件地聽從父母、老師和老闆的話，謙卑地服從他們的安排和指揮，踏踏實實地做他們需要的人，老老實實地做他們規定的事。

所以，我們在〇到六歲，努力做父母眼裏的乖孩子；七到二十歲，努力做老師眼裏的好學生；步入職場，努力做老闆眼裏的好員工，努力做親戚、朋友心目中的好人。

從出生到現在，一直堅持做好人、走正路、做正事的我們，卻發現自己活得很失敗。我們似乎遺忘了自己最初的夢想，每天不得不按照別人編寫劇本、扮演著別人要求的角色。最可悲的是，我們還一再告誡自己，這就是生活，這就是命運。

我們審視一下鏡子裏的自己。鏡子裏的自己，是不是已經成為一個沒有想法、沒有個性、沒有激情、沒有創造慾、沒有安全感的人？回首我們走過的路，是不是感覺自己一直在複製某些人的生活內容？

小時候，我們希望自己「長大後能成為你」，可是我們真的成為「你」，卻發現自己活得像一個沒有生命的傀儡。正是因為堅持那些人諄諄教誨的「正事」，才使我們日漸平凡、平庸，雖苦苦拼搏，卻依然一事無成，一無是處。

有一位記者有幸採訪到比爾．蓋茲的父親老蓋茲，下面就是那次採訪的一段記錄：

記者：有句俗話說，「有其父必有其子」，您兒子繼承了您哪方面的素質？

老蓋茲：首先我想說的是，蓋茲有個很好的母親，所以更為完整地說，不僅是有其父必有其子，而且也是有其母必有其子。我不能肯定地說，這孩子哪些方面素質來自於他媽媽，哪些方面來自於我。很小的時候，他就是個性很獨立的人，他自己決定做什麼，自己選擇什麼書讀，自己隨意寫些東西。年紀很小時，他就很成熟。我覺得，他的價值觀絕大多數都來自於他對社會的觀察和思考。

記者：您兒子最令您驕傲的地方是什麼？

老蓋茲：比爾是個很自信的人。他明白事理，洞察力強，工作很拼命，而且他有很好的判斷力。我對所有這些都感到很高興。還有一點是，他很幽默。他喜歡笑，也經常逗別人笑，我非常欣賞他這一點。

記者：在您兒子的成長歲月中，您經常給他的忠告是什麼？

老蓋茲：實際上，在他童年時期，我們並沒有花很多時間去教導他。像其他父母一樣，我們只是不停地讓他做事規矩些，把衣服放好，把牙刷了，等等。說實話，我還真想不出什麼時候給過他正式的建議和忠告。總的說來，是他本人造就了他自己。

記者：您對您兒子還有什麼更大的希望？

老蓋茲：在這個時候，我希望他能找到一種方式，過輕鬆一點的生活。他的工作和生活一直都很緊張，目前他仍忙於管理他的公司。我只希望他能早日輕鬆下來。

……

從記者與老蓋茲這段對話中，我們可以看出，老蓋茲夫婦，在蓋茲少年、青少年和青年時期，從未逼迫兒子必須做他們認為的「正事」。

蓋茲進入著名的哈佛大學，學習最熱門的法律專業，這都是常人眼裏的「正事」。畢業後，拿到博士學位，在律師事務所做高薪的律師，然後買房子，買車，娶老婆生孩子，這些才是我們眼中的「正事」。

在大學期間，蓋茲卻不是做「正事」的人。他沉迷與所學專業無關的電腦軟體程式，關注個人電腦的發展，到最後，從別人可望不可求的著名學府輟學，開辦只有兩個人的公司。在我們看來，他就是一個不折不扣的不務正業的人。

如果老蓋茲要求兒子必須做「正事」，那麼他的「正事」中，可能包括攻讀法學博士學位，做優秀的律師、法官、跨國集團的高級白領，甚至可能還有州長、國會議員和總統，但絕對不會有「軟體帝國的帝王」、改變世界大部分人生活方式的人和世界首富。因為他已知的世界裏，還沒有類似的人。

蓋茲確實沒有做常人心目中的「正事」，但他卻做了對自己人生來說「最正確的事」。

在我們熟悉的人當中，也有很多不幹「正事」的人。

陳雷沒有好好地做他的風管工，最後成為紅極一時的歌星；王寶強沒有好好地當他的農民，最後成為深受大眾喜愛的著名演員；吳士宏沒有好好地做她的護士，最後成為職業經理人的榜樣；郭台銘沒有好好地當他的船員，最後成為管理百萬員工的老闆……

看來，這些不做「正事」「不務正業」的人，無論是對社會的貢獻，還是自己擁有的財富，都比我們這些堅持做「正事」的人成功。那些「正事」，就像我們生活中的一道道藩籬，一條條鎖鏈，死死地把我們禁錮，讓我們按部就班地做事，波瀾不驚地活著。

一所大學，一門專業，一個雞肋式的工作，一間房子，一輛車子，一個老婆，一個孩子，這些「正事」，就會讓我們辛辛苦苦地奮鬥半生，甚至透支我們一生的健康。

在這個世界上，能真正對自己負責的人，只有我們自己。因為只有我們自己，才真正知道自己在哪裡，想去哪裡，能去哪裡。

未成年之前，在很多選擇上，我們身不由己，做了很多對自己來說並不一定正確的「正事」；成年之後，我們就應該捫心自問，自己最想做的一件事是什麼，然後立即著手去做，別在乎它是不是別人眼裏的「正事」。

我們要相信這句話：今天自戀一小步，明天自信一大步。

父母眼中的正事，都是他們對社會的認知。現在的科技，每天均以「一洩千里」「日新月異」的模式向前發展。很多事情，不但他們，包括我們在內，都聞所未聞，見所未見。在這種情況下，誰還敢預見做什麼正確，做什麼不正確呢？

想做一件事，及時開始就是正確的；不想做一件事，及時結束也是正確的。

只有我們才能成就真正的自己，也只有我們才能拯救不如意的自己。不要輕易地把經營人生的權利交到別人手裏，因為沒有人能給我們安排一個滿意的將來，除了我們自己。

無論現在我們身在何種位置，都不要為那些所謂的「正事」耽誤，一定要培養自己獨立思考、判斷、選擇和決定的習慣；不論在什麼樣的環境下，我們都不能扼殺自己的責任意識和解決意識。一定要堅信，只要我們在做「做正確事」，到最後就能做成大事。

不管什麼事，只要我們做成了，就是正確的。

我們看見陰影，是因為背朝陽光。
只要我們轉過身，就能面向太陽。

我們要做一生的行者

我把自己大部分精力放在寫作上。原因有三：一、寫作，是我最喜歡的工作。在寫作的過程中，我是愉悅的；二、在海內，海外，有一部分人喜歡我的文字。為了這些人，我也應該寫作；三、我能為自己寫下的每一個字負責，並以此為樂。

如果我們已經處在生存之上，生活之下，我們就應該做點自己想做的事情。

自跨過生命之門那一刻起，我們就註定要成為行者，離開母親的懷抱，終生尋找，尋找所謂的幸福和快樂、財富和地位。以尋找為快樂，以獲得為自豪。一生尋找，尋找一生，在不知不覺中，便耗盡我們有限的生命。

用一生去尋找、用一生去證明，才是我們的生活常態。但是，在人生的曲線上，我們會在某一點駐足，並構建以自己名字命名的堅固堡壘。在那個堡壘裏，我們和熟悉的人生活，做我們熟悉的事。

這樣的堡壘，是我們從上學到上班過程中，辛苦奮鬥的結果，象徵我們的工作、生活、收入、社交處於一種穩定狀態。我們打造這樣的堡壘，也許是為了存放自己的行囊，也許是為了堡壘周圍熟悉的人。這個無形的堡壘，使我們漸漸地忘記了自己的行者角色、最初出發的目的，成為這座堡壘的忠誠守望者。

這座堡壘，是我們自己構建的，但不一定是我們喜歡的，有時甚至是厭倦的。但是，一種熟悉，一種慣性的重複，一種沒有生機的穩定，使我們喪失前行的欲望和銳氣。即使我們在堡壘裏過得很不舒服，也會不斷地委屈自己、調整自己，以適應堡壘、堡壘周圍人群的需要。

世界上沒有堅不可破的堡壘。我們為了並不如意的安全，為了比上不足比下有餘的生活，為了一種貧瘠的穩定，挖空心思地維護著裏面無比潮濕，甚至已經發黴的堡壘，只是為了不再前行。

一旦處於這樣的堡壘之中，夜深人靜時，就應該反思一下，我們的人生，到底是不斷收

我們看見陰影，是因為背朝陽光。
只要我們轉過身，就能面向太陽。

穫，還是不斷放棄的過程。收穫有收穫的道理，放棄有放棄的哲學。這座堡壘，是我們的收穫。我們付出了什麼樣的代價，換來這筆收穫呢？付出代價，是不是一種放棄？肯定是。

也許，人生就是不斷放棄不斷收穫的簡單重複。沒有放棄就不會有收穫，沒有收穫就不會有放棄可言。但是，人生的終點，肯定是一個徹底的放棄，放棄一生的收穫。從結果看，我們一生都是在為一次徹底放棄奮鬥著。事實上，我們都在不斷地追求、攫取、收穫，甚至是豪奪，從不願意主動放棄。這樣做，難道我們是為了人生終點一次性放棄更多？好像也不是。

我們不知道放棄了什麼才獲得生命，這是個大課題。在孩提時代，我們能做真實的自己，會毫不猶豫地表達自己的需要、情感和感受。隨著我們收穫成長、成熟，收穫各種遊戲規則，便放棄了真實的自己，做別人需要的人，或者做滿足別人需要的事。

當我們收穫了一定數量的財富，擁有了一定的社會地位，便一頭鑽進收穫來的堡壘不再出來。我們把自己視為堡壘的主人，對這個堡壘潛心經營，精心修葺，百般呵護，還為自己能擁有這座堡壘洋洋自得。

並不是這座堡壘有多好，而是我們不願再一次尋找。這時，我們最擔心的，就是空中那些飛來飛去的各種名目的大錘，會砸壞我們蝸居的堡壘。

天空中，各種無名飛錘無處不在，無時不在。有別人拋起的，也有我們發射的。如果我們運氣差，那些有名無名的飛錘，會不停地砸在我們的堡壘上，一錘接一錘，一錘比一錘重，目的就是砸爛堡壘，讓我們身無藏處。

我們會習慣性地挖空心思，想盡辦法，甚至做出犧牲阻止錘擊，僅僅是擔心堡壘破了，我們失去穩定，成為失去保障、支持、合作的流浪者。

做出這樣的自我犧牲，或者甘心淪為別人的祭品，並不是我們的堡壘有多好，而是我們錯誤地認為，有堡壘總比沒有堡壘強，或者不相信自己能再次獲得更好的堡壘。

其實，這種擔心是多餘的。世界上沒有最好的堡壘，但更好的堡壘比比皆是，也許下一個更好的堡壘就在不遠處，只不過不在我們的視線之內。任何一種放棄中，都孕育著一次收穫，只要我們坦然地前行。要想收穫更好的，只有先放棄附加在身上的各種瑣碎。

無論主動還是被動的放棄，都不值得悲哀，而是應該慶幸。不要把逼著我們放棄的人當作敵人，他們只是披著獸皮的使者，贈送我們新的開始，不一樣的生活。

作為普通人，我們沒有富豪們的高瞻遠矚，沒有偉人們的預見能力，但是，當飛錘猛砸墳墓般的堡壘時，我們根本沒必要拼死維護。那些飛錘，是上帝的一個點醒，而不是一次剝奪。繼續前行，前邊的風景獨好。

如果我們對這座堡壘不滿意，就任飛錘猛擊吧，直到類似墳墓般的堡壘在眼前轟然坍塌。然後，我們撣撣身上的塵土，向過去揮一揮手，做一個毫無牽掛的行者，走上人生新的旅程。

任何一個智者，都是善於主動放棄的人。不放棄奴隸的一日三餐，就不會擁有奴隸主桌上的美酒和牛排。我們不捨得脖子上的陳銅爛鐵，就不會成為擁有自由的人。

什麼是我們生活中的「一」

從前有一位國王，王國裏的財富皆歸他所有，所有臣民均服從於他。按理說，他應該是王國中最快樂、最幸福的人，但事實並非如此。國王對身邊的一切索然無味，沒有絲毫的興趣，感覺活得很無趣。儘管他有意識地組織一些別開生面的晚宴，與親近的大臣把酒言歡，但宴會散後更是寂寞重重。

一天早上，一夜未眠的國王決定到宮中四處轉轉。當他經過御膳房時，聽到裏面傳出歡快的歌聲。宮中居然有人過得如此快樂，國王忍不住走進廚房一探究竟。

在廚房裏，國王看到一個廚子一邊切菜一邊唱歌，臉上洋溢著幸福和快樂。如此卑賤之人，做著如此卑賤的工作，他憑什麼活得如此快樂？國王很是納悶，便問廚子為什麼如此快樂。

廚子回答道：「陛下，儘管我是一個地位卑賤的廚子，但我的收入，足可以讓我的妻兒衣食無憂。我們所需不多，有間遮風避雨的草屋，櫃子裏有幾件遮體的衣服，米缸裏不缺糧食，我們就滿足了。妻子和孩子，是我的精神支柱。我在陛下身邊工作，就足以讓他們引以為自豪。我把陛下的賞賜帶給他們，就能讓他們高興很多天。我之所以如此快樂，是因為我和家人對現有的生活很滿足！」

國王對廚子的解釋並不滿意。他認為，這個廚子一年的收入抵不上他餐桌上一道菜，地位低得可以忽略不計，他沒有理由如此快樂。

國王向宰相說出他的疑惑。宰相答道：「陛下，這個廚子之所以快樂，是因為他還沒有成為九九族奴！」

國王詫異地問道：「天下有各種奴，我怎麼沒聽說有九九族奴呢，什麼是九九族奴？歸哪個部門管？」

宰相回答道：「陛下，普天之下，九九族奴有很多，各個部門都有。您要想知道什麼是九九族奴，請您先做一個試驗。您派人把裝有九十九枚金幣的包裹放在廚子家門口，然後您再觀察廚子的變化，就知道什麼是九九族奴了。」

國王依計照辦，命人把裝有九十九枚金幣的布包放在廚子家門口。

廚子下班回家時，撿到了包裹。當他和妻子打開包裹看到裏面的金幣，先是驚詫，然後狂喜。他們清點完包裹的金幣數，發現只有九十九枚。妻子欣喜的臉上略顯失望，要是再有一枚多好啊，那樣他們就是百枚金幣富翁了。

廚子從未奢望自己能成為百枚金幣富翁，妻子也從未指望丈夫能賺到一百枚金幣。現在，他們已經擁有了九十九枚金幣，離百枚金幣富翁近在咫尺。妻子對廚子說：「老公，我們從明天起，你努力工作，我省吃儉用，到今年年底必須再攢夠一個金幣，實現做百枚金幣富翁的夢想！」

廚子立即同意妻子的建議。儘管他心裏非常清楚，憑他們的能力，一年賺一個金幣有多難。

他決定從明天開始，一個人做兩個人的工作，節假日不休息，爭取年底賺到一枚金幣，使自己加入百枚金幣富翁行列。

即使一晚上沒睡覺，第二天早上，廚子還是強打精神上班。他來到御膳房，找到主管，又申請了一份工作。他不再像往日那樣悠閒自得，享受著工作，而是從早到晚，一刻不歇地拼命地工作。晚上回家後，妻子多做了一個菜犒勞他，他還因此跟妻子吵了一架。

從那天以後，廚子把所有精力都集中在賺錢上，整天拖著疲憊的身軀，苦悶地、機械地勞作，不再與同事言笑，不再哼曲唱歌。

看到廚子身上發生如此巨大的變化，國王大為不解。他認為，九十九枚金幣，足可以保證廚子一家人一輩子吃喝不愁，衣食無憂，即使他們不再工作也能過上等人的生活。但廚子的行為與此恰恰相反，做得比以前更多，活得比以前更累。

國王百思不得其解，向宰相詢問廚子身上為什麼會出現如此巨大的變化。

宰相笑著答道：「陛下，這個廚子現在已經正式成為九九族奴了。九九族奴的特點是，他們處於中產階層，收入不低，擁有很多，但因為他們瞭解上層社會人的生活狀況，經常接觸比自己富有的人，所以，他們想的不是自己應該怎麼生活，而是考慮如何才能像富人那樣生活，所以他們從不知道滿足，也不會滿足。他們終日拼命工作，為了得到別人標榜的那個『一』。不管這個『一』距離他們有多遠，他們也會透支生命和健康，苦苦努力，默默追趕，渴望儘早實現那個遙不可及的『一〇〇』。為此，他們成為工作機器，忘掉了自己為什麼生活，為什麼而奮鬥。這就是九九族奴典型的特徵。」

我們經過幾年或者十幾年打拼，有的人在公司裏獲得一席之地，有的人在行業裏小有名氣，有的人事業略有所成。如果運氣好一些，有的人已經擁有了房子、車子、票子和孩子。

按理說，我們不應該像初入社會時，一無所有，一無是處，為了房子、妻子和車子，拿著青春賭明天。之所以稱之為賭，一是我們不知道明天在何處，二是我們不知道明天該如何。

事實上，只要我們在正確的方向付出，日子就會一天比一天好，好到超出我們以前從來不敢想像的程度。我們從長工變成地主的同時，也看到了資本家、官僚資本家的生活。這就與我們開不起賓士，就不會惦記賓士；買不起豪宅，就不會奢求豪宅一樣。只有登高望遠，我們才能知道遠處風光無限。

於是，在我們檢視自己的人生行囊時，發現裏面竟然缺少那麼多個「一」。缺少那個「一」，行囊裏即使有再多的「九」，也不是完美的。當然，不完美的是我們的內心世界，並不是我們的生活。在很多人身上，我們只能看到他們精裝版生活表面上的奢華，卻無法看到他們背後簡裝版的真實。

我們能看到的，我們與他們同樣是工薪階層，月薪都不到六位數。在這種情況下，我們我們看見陰影，是因為背朝陽光。
只要我們轉過身，就能面向太陽。

把台北市的豪宅作為自己生活的「一」，如果我們不發橫財，僅靠出賣腦力或體力，即使奮鬥一輩子，一家老少不吃不喝，也無法實現。

我們必須看清楚，同為社會人，因為每個人因為出身、背景、職業、位置、人脈、資源、資質、運氣的不同，就會有不同的人生軌跡。同樣一件事，別人做一蹴而就；我們做，就可能千難萬難。

這就是社會，這就是生活。如果我們拒絕接受，結果只能讓自己更加難受。

現實很殘酷，我們就有理由放棄奮鬥和追逐嗎？應該不是。我們應該根據自己的實際情況，按照自己的節奏和模式，珍惜已經擁有的，然後再去追逐幸福的生活，而不是像義和團那樣，與武裝到牙齒的社會列強拼刺刀。

切記，我們活著，是為了活出幾個概念，但絕不是為了幾個概念活著。

要想富有，就必須為金錢而戰

小時候我們都接受過這樣的教育——金錢是萬惡的，談錢是墮落的。我們要無欲無求無私，講貢獻講奉獻。因此，我們的課本裏就有了陶淵明不為五斗米折腰，鄭板橋的難得糊塗。

在我們成長過程中，並沒有哪個老師直接告訴我們錢有多麼重要，更沒有老師教我們如何賺錢，如何正確支配錢，而是告訴我們某某為了錢投機違法、鋃鐺入獄；某某為了錢出賣國家和朋友，最後沒有好下場。這樣的教育，導致我們在生活中，大多時候羞於談錢。談錢傷感情、沒水準。

錢真有那麼骯髒嗎，賺錢有罪嗎，談錢真的那麼猥瑣嗎？

從古到今，錢就是錢，它無罪。因為錢殺人放火、買官賣爵、殘害生靈的是人，不是錢。

我們看見陰影，是因為背朝陽光。
只要我們轉過身，就能面向太陽。

如何賺錢、如何支配錢，是人的單向選擇，與錢無關。

教育教我們要清心寡欲，精神至上，但它從未停止向我們徵收稅賦；那些富豪們提醒我們不能為了錢工作，是為了讓我們規規矩矩地給他們創造更多的剩餘價值，不做他想。

凡事提倡淡薄名利的人，不是富甲天下，就是一無是處的人。前者賺夠了，後者賺不到。在當今的商品社會，無錢寸步難行。即使你的精神再高尚，一旦沒有錢，親戚朋友像防賊一樣防著你。這些，不是傳說，而是殘酷的事實。我們的理想有多豐滿，現實社會就有多骨感。

金錢，確實買不來一切。但沒有金錢，一切都買不來。

天下之大，芸芸眾生，熙熙攘攘，皆為利往。兩國交兵，鄰里紛爭，究其根本，不過一個利字。古來自有富人笑，有誰看到窮人哭？賺錢兩個字，讓人很忙乎。

自古以來，人就可以簡單地分為兩種——窮人和富人。沒錢的是窮人，有錢的是富人。錢從何來？天上不掉，地上不長，都是透過各種手段賺來並積攢的。

由富變窮易，由窮變富難。但是，富人都是由窮人變來的。

窮人與富人最大的區別是什麼？絕對不是擁有金錢的多少，而是對擁有金錢的渴望程度。我們不能擁有的，就是我們從未想過得到的。

這句話對嗎？誰不想發財？誰不想富可敵國？誰都想，除了智障和白癡！問問那些尚未富有的人，他們在迫切希望富有的同時，又做了些什麼？他們以先生存後發展為理由，找到一份自己並不喜歡但能養活自己的工作，朝五晚九一成不變，滿腦子裏想的如何得到老闆的重視，整天琢磨著如何獲得一官半職。為了一點年終獎金，沒日沒夜地透支自己的健康。

我們這樣做，的確能賺到錢，但那是血汗錢，絕對不能使我們富有，充其量讓我們過上衣食無憂、卻沒有安全感的生活。

除了工作，我們最關注的，是自己住多大的房子，開什麼車，穿什麼衣服，孩子上什麼學校，並為此花掉積蓄甚至透支明天的生活成本。

依此看來，我們賺錢的目的，並不是使自己真正富有，而是為了過上某種生活。我們所做的一切，並不是為了金錢而戰，而是為了花錢而戰。

我們看見陰影，是因為背朝陽光。
只要我們轉過身，就能面向太陽。

一無資源二無資本的我們，不得不靠出賣自己的體力或者腦力換取生活費，必須與老闆進行交易才有收入。我們這樣做，一輩子都不會富有。即使賺到錢，也是有數的錢。

對於現在的狀況，我們不滿意，卻不想改變；對於將來如何，我們不去想，也懶得想。抱怨著，忍耐著。

我們習慣講述別人成功的故事，羨慕別人的富有，詛咒著自己的遭遇，轉身又去做那份早已厭倦的工作。

離開辦公室，我們做些什麼呢？以放鬆的名義，逛街、購物、玩遊戲、看電視，總之，做些花錢或者消磨時間的事。我們沒有像偉大人物那樣，好好活，做有意義的事，把手裏的稻草經營成參天大樹。

在金錢面前，我們一直扮演著乞丐，而不是一個充滿征服欲的戰士。我們要想真正富有，就必須時刻為金錢而戰，不容有絲毫的懈怠。

所有成為富豪的人，都會對貧窮非常地憎恨，並想盡一切辦法擺脫貧窮，不找任何藉口、想盡一切辦法發財致富。

我們無法像比・爾蓋茲那樣有能力、有魄力，但是我們必須用好工作之外的八個小時，做自己想做卻一直沒有做的事，慢慢地向最初的理想靠近。耐心、執著具有恐怖的改變力量。我們不去主動尋求改變，社會就會我們改變。

只有對金錢真正地渴望，我們才會不鬆懈、不放縱，時刻為金錢而戰，圍繞自己追求的目標完成一次次蛻變。

我們看見陰影，是因為背朝陽光。
只要我們轉過身，就能面向太陽。

子。

用失去換一個奇蹟

一個人最可怕之處，不是一無所有，而是想贏怕輸、活得不上不下、過著不好不壞的日子。

在我們當中，很多人都過著這樣的日子，一眼就能看到自己六十歲的模樣。在公司裏，做著誰都可以代替的工作；在家裏，為日常的吃喝屙撒精打細算。生活平淡得如一杯白開水，少人關心少人問。就連自己的子女，出門都不願意提及我們的名字。

我們經過一番打拼，靠成就別人的理想，贊助別人實現目標，攢下一點小家業，生活穩定並停滯，成為所謂的「眾人」。我們除了父母、妻兒，不知道對誰還有用。

對這樣的生活，我們毫無感覺，樂呵呵地接受平庸之人的命運，知足知止，也無可厚非。遺憾的是，對此我們做不到徹底麻木，不甘心、不情願，牢騷滿腹，怨天尤人，卻想贏怕輸，患得患失，不想成為生活的奴隸，又不敢奪過奴隸主手裏的皮鞭。

我們知道，這絕對不是我們想要的生活。但是，我們心在天上飛，腳在土裏埋，有想法沒辦法。

我們為什麼會這樣？根本原因不是我們無能，而是不能終止當初失誤的選擇。在類似雞肋的道路上，我們不敢果斷結束，重新開始。我們明知道放不下手裏的芝麻，就撿不到腳下的西瓜，卻擔心扔掉芝麻撿不到西瓜。

初入社會時，我們在物質上一無所有，有的僅僅是滿腔激情，對美好生活的渴望。那時，我們即使手無寸鐵，卻敢與世人爭鋒。不是我們勇敢，而是我們了無牽掛，光腳走路，不怕丟鞋。

看來，我們生活的停滯，關鍵在於我們害怕失去，儘管擁有的並不多。

事實上，我們的人生就是一個不斷失去的過程，直到最後隨著生命的終止徹底失去。既然最後全部要失去，我們為何那麼在乎失去呢？

如果我們害怕失去苟且的生活，那就閉上嘴巴，安心地過像狗一樣生活，別再期待生活出現奇蹟。這是我們的選擇，必須為與選擇對應的結果負責。

我們能不能製造奇蹟？能，就看我們想不想，敢不敢，捨不捨。

《西遊記》中孫悟空大鬧五莊觀，與豬八戒偷吃人參果的故事，婦孺皆知。人參果，是一種仙果，三千年開花，三千年結果，三千年成熟。凡人聞一聞能活三百六十歲，吃一個能活四萬七千年。

我們從小就熟知傳說中的人參果，我們有沒有想過，讓人參果從神話變成現實？估計我們對這樣瘋狂的想法總是一笑而過。

但是，僅有小學三年級學歷的程魁，在沒有專家參與，學者指導的情況下，就創造了人參果的奇蹟，也書寫了他人生的奇蹟。

程魁是安徽省渦陽縣義門鎮程樓村人，在家排行老七。因為家庭貧困，他小學三年級畢業後，回家務農，十八歲成為瀋陽軍區負責大棚種植的農業兵。

一次，舅舅來部隊看望程魁，送他兩枚像長條馬鈴薯，沒有鼻子沒有眼睛，而且味道苦澀的東西，說這是南非貿易商人帶來的人參果。這個人參果，和《西遊記》裏介紹的人參果，差得太遠了。

一九九一年，程魁退伍回家，分配到檢察院工作。對於別人夢寐以求的「鐵飯碗」，程魁卻絲毫不感興趣，他想擁有屬於自己的公司。

於是，程魁在鎮上創辦一家種子公司，生意紅火，收入可觀。按理說，程魁應該滿足才是，但是，他又有了超乎尋常的想法——種植傳說中的人參果。

一九九三年，程魁把舅舅從南非弄過來的人參果種苗種在自家院子後，竟然只開花不結果，第一次試驗失敗了。程魁沒有因此放棄，而是繼續想辦法。

為了培育出傳說中人參果，二〇〇一年，程魁跑到湖南蟒山尋找野人參。歷盡千辛萬苦，他終於找到了野人參。可是，他用野人參嫁接後長出來的果子，長得跟紙杯一樣，根本不像傳說中的人參果，讓他大失所望。

程魁為了種出人參果，關掉種子公司，瞞著妻子賣掉了二十二間房子。因為家人激烈反對，程魁在農場裏蓋一間房子，吃住全在農場，幾乎不與外人交流。

在不經意間，程魁在朋友家種的葫蘆上得到啟發，直接用野人參與葫蘆苗進行嫁接。

二〇〇七年，程魁終於成功了，培育出的果子初具人形。

但是，人形的人參果沒有鼻子和眼睛，與理想中的人參果還是有差距。

程魁為了培育出傳說中的人參果娃，幾乎不惜代價，耗費十四年時間，花光了全部積蓄。二〇〇九年，程魁人形人參果的實驗已經有了成果。但是，妻子、哥哥對他的瘋狂行為已經忍無可忍，認為他患有神經病。於是，哥哥把蓬頭垢面、鬍子拉碴、形似野人的程魁送到宿州精神病醫院。

程魁對醫生只說了兩句話：我真的沒病；今年秋天人參娃娃就要從樹上結出來了。醫生因此判斷他病得不輕，定他為二級精神分裂症。

心裏只有人參果的程魁，偷偷地從醫院逃回到農場，繼續研究。

經過十四年的付出，程魁終於成功培育出人形人參果，其外表與傳說中的幾乎是一模一樣，甚至還有肚臍眼，吃起來又脆又香。儘管他的人參果不如《西遊記》中描述得那樣神奇，但是，經過權威機構檢測，他的人參果富含天然的硒、鈣，營養價值很高，蛋白質含量是香蕉的四倍，蘋果的九倍。

目前，程魁培育出來的「人參果娃」，即使一枚一百人民幣，仍然供不應求。各地的合作商紛至遝來，如今他在北京、山東等地建成四個生產基地。程魁並不滿足於此，他對

「人參果娃」進行深加工，開發出人參果盆景、人參果酒。每年純利潤在千萬人民幣之上。

審視程魁修成「鎮元大仙」的過程，我們就能看出，他的成功就是用種種失去換來的。他失去了檢察院的「鐵飯碗」工作，換來種子公司的生意興隆；失去紅火的種子公司、二十二間房產及多年的積蓄，使「人參果娃」問世，步入億萬富翁的行列。

在此過程中，如果程魁有一次不接受失去，就不會創造出今天的奇蹟。

想想我們自己，被不滿意的生活羈絆，卻不願意放棄。這樣做的結果，使生活像一潭死水，不會有任何奇蹟發生，即使我們每天祈禱。

《聖經》裏耶穌復活的故事提醒我們，生活中從來不缺乏奇蹟，哪怕我們置身於萬劫不復的境地。什麼是奇蹟？我們從一個受精卵，變成一個充滿智慧的人，就是一個奇蹟；從一無所知到學富五車，就是一個奇蹟；經受一次或者多次超出毅力、耐力承受範圍的考驗，比如在重大天災人禍中大難不死，更是一個奇蹟。

世間的奇蹟，向我們證明什麼？它向我們證明，世界上無論什麼事情，都有可能存在或發生，沒有什麼不可能的事，只要我們敢於失去，主動失去。

我們看見陰影，是因為背朝陽光。只要我們轉過身，就能面向太陽。

在生活中，我們一直恐懼失去。其實，失去卻時刻伴隨我們左右。沒有失去，就沒有新生，沒有發展。一粒種子的失去，換來一棵參天大樹；一個蕭瑟寒冬的失去，換來鳥語花香的暖春。一生中，我們總要面對太多的失去——失戀、失業、夢想的破滅、摯友的背叛、疾病的侵蝕、突如其來的車禍或搶劫，都會使我們失去。失去，與我們形影不離。即使我們墨守成規，一成不變，也會失去進一步發展的機會。

事實上，與我們形影不離的失去背後，都隱藏一個復活。事業上的失敗、生活中的挫折，都會為再次復活埋下伏筆、創造條件，隨後一個奇蹟就會出現。

朝一個方向努力

我在《動物世界》節目中，曾經看到這樣一個故事。

一隻非洲獵豹屏聲息氣地隱藏在馬拉河畔草叢之中，犀利的目光緊緊地盯著不遠處的羚羊群，最後把一隻未成年羚羊定為撲捉目標，然後匍匐前進，悄悄地向那隻羚羊靠近。

獵豹離羚羊群越來越近。感覺敏銳的羚羊，似乎意識到危險即將降臨。它們豎起耳朵，辨別周圍細微的動靜。其中一隻羚羊好像發現了不遠處的獵豹，撒腿便跑，其他羚羊不加辨別的隨之四處逃散。

獵豹依靠驚人的爆發力瞬間啟動，高高躍起，像離弦之箭一樣撲向羚羊群。令人奇怪的是，獵豹似乎與那隻未成年的羚羊有殺父、奪妻般的仇恨。那隻羚羊以最快的速度拼命逃竄，非洲豹追得似乎更快。在追與逃的過程中。獵豹與一隻又一隻羚羊擦肩而過，卻沒有掉頭捕殺，只對那隻未成年的羚羊緊追不捨，似乎執著到傻的地步。

我暗笑獵豹愚笨，牠完全可以乘近在咫尺的羚羊不備時，突然掉頭發動襲擊，成功機率遠遠要大於捕殺捨命奔逃的羚羊。如果它追不上那一隻，豈不錯過這一群嗎？

事實上，未成年羚羊的耐力、速度遠不如獵豹。在彼此瘋狂奔跑一段距離之後，獵豹追上了羚羊。獵豹一躍而起，把羚羊撲到在地，它咬住羚羊的喉嚨，死死不放。經過短暫的掙扎之後，羚羊成為獵豹一頓豐盛的晚餐。

看來獵豹並不沒有我想得那麼傻，它為什麼確定自己一定能得到這頓晚餐呢？

這時，節目主持人用低沉的聲音緩緩說道：在廣袤的非洲大草原上，即使是兇猛的動物，對它們來說，捕食獵物都不是一件容易的事。多次失敗的經驗提醒它們，在捕食之前，都必須精心選擇伏擊地點，認真隱蔽自己，耐心等待獵物離它們最近。

它們在選擇捕殺目標時，一定會選擇那些幼小的、老弱的或者脫群的動物。一旦它們鎖定獵食目標，就不會更改。因為它們懂得，在追與逃的過程，就是消耗有限體力的過程。誰的體力先耗盡，誰就是失敗者。

獵豹知道它的爆發力好，但耐力很差；羚羊雖然爆發力稍遜於它，但耐力卻比它高出很多。獵豹追捕鎖定的羚羊時，短時間內彼此都會消耗掉很多體力。這時，它改變追擊目標，放棄那隻體力將盡耗盡的羚羊，改追離它最近但體力充沛的羚羊，最後肯定是無果而終。

看來，獵豹並沒有那麼傻！

經常計算得失的我們，有時候還不如獵豹精明。

我們在步入社會時，因為不知道自己想做什麼，能做什麼，於是便盲目地跟著別人走。別人做成什麼，我們就去做什麼；覺得什麼容易做成，我們就去做什麼。

在我們當中，有的人做過很多行業，換過很多工作，不斷地更換追求目標，結果不但一事無成，而且一文不名，一直活在路上。

當然可以說，年輕就是資本，經歷就是財富。如果我們不經歷多方面嘗試，怎麼知道自己適合做什麼呢？這句話沒有錯。但是，世上任何一件事，要把它做到精緻、極致，絕對不是像我們看上去那麼簡單。

能爬到金字塔塔頂的人，之所以寥寥無幾，是因為攀爬者在攀爬之前，必須精心儲備攀爬知識和體能，掌握攀爬要領和技巧；在攀爬過程中，要有忍受孤獨的意志、百折不饒矢志不渝的決心、每天前進一點點的耐心、不達塔頂不甘休的恒心，才有可能無限地接近塔頂。

我們當中的很多人，都有爬上塔頂的可能，只是我們朝三暮四、朝秦暮楚，漫無目的地在塔底跑來跑去，結果只能老死於塔底，默默無聞，淒淒慘慘。

有人說，人生貴在折騰。但是，我們的時間、精力、體力、心力、知識、技能都是有限的。我們總是東一榔頭西一棒子，還能折騰幾何？也許我們能做成幾件事，但是做成和做到極致，結果是有天壤之別的。

在美國，有一個文學青年，名叫皮特，他立志要成為千萬級暢銷書作家。圖書市場上哪類圖書暢銷，他就寫哪類書。十年中，他出版了二十九本書，囊括文藝、心理自助、成功勵志、生活技能等好多類別。遺憾的是，他的每本書發行量都很差。

皮特認為，他的作品之所以沒有暢銷，是因為出版商沒有認真對待，或者宣傳推廣力度不夠，或者自己的運氣差一點。他相信，以他的創作速度，成為暢銷書作家只是時間早晚的事。為了推廣知名度，他為自己製作了一張精美的名片，名片背面注明他的二十九本書的書名，逢人便給。

在一次出版盛會上；皮特趾高氣揚，不可一世。他認為，能在十年中出版二十九本書的人，全美國也沒有幾位。可是，當一些出版商和作家看到他的名片後，並沒有給予他高產作家應得的尊重。

這時，皮特注意到，一個角落裏，幾個知名出版公司的出版大佬，正圍著一個老太太低聲交談著什麼。他走過去，遞上自己的名片，並向老太太介紹自己。

老太太接過名片看了看，驚訝地說：「真了不起！你這麼年輕，就出版了二十九本書，真是後生可畏啊！」

皮特面露得意之色，問道：「你也是作家嗎？」

老太太說：「大家都這樣叫我。」

「你出版過幾本書呢？」

「一本！」

「啊？這麼大年紀，你才出一本書？」皮特有點不屑。

「是啊！」

旁邊一位知名出版商看不下去了，問皮特：「年輕人，你知道她寫的那本書叫什麼名字嗎？」

「不知道！」他似乎也不想知道。

「《飄》，你沒有理由不知道！」

原來，老太太是世界級著名作家瑪格麗特‧米切爾。

如果按照皮特現在的寫作速度和態度，即使他出版二九〇本，總發行量、作品影響力、版稅總和，也未必趕得上那本《飄》。

這個故事告訴我們一個深刻的道理：**把一百件事做成，不如把一件事做精**。

如果我們僅僅是為了賺錢而賺錢，為了工作而工作，在行業內總是扮演跑龍套的炮灰角色，那麼，我們現在就應該靜下心來，認真審視一下自己的努力方向了。

有一句話說得很好：我們現在在哪裡並不重要，重要的是知道自己要去哪裡，怎樣達到。現在，我們該嘗試的已經嘗試了，就別再到處折騰了，選擇一個方向，精心準備自己的行囊，堅定不移地走下去。

我們必須像獵豹一樣，一旦確定自己的目標，就不要再惦記體力充沛的羚羊，這樣才能抓住被我們追得筋疲力盡的那隻羚羊。

等到我們臨近不惑之年，能抓住一隻全羊，就比抓一把羊毛好得多。

成功講座 395

35歲，活著確實是一件非常複雜的事

海鴿文化出版圖書有限公司
Seadove Publishing Company Ltd.

作者　張禮文
美術構成　騾賴耙工作室
封面設計　九角文化設計
發行人　羅清維
企畫執行　林義傑、張緯倫
責任行政　陳淑貞

出版　海鴿文化出版圖書有限公司
出版登記　行政院新聞局局版北市業字第780號
發行部　台北市信義區林口街54-4號1樓
電話　02-27273008
傳真　02-27270603
網址　www.seadove.com.tw
e - mail　seadove.book@msa.hinet.net

總經銷　創智文化有限公司
住址　新北市土城區忠承路89號6樓
電話　02-22683489
傳真　02-22696560
網址　www.booknews.com.tw

香港總經銷　和平圖書有限公司
住址　香港柴灣嘉業街12號百樂門大廈17樓
電話　（852）2804-6687
傳真　（852）2804-6409

CVS總代理　美璟文化有限公司
電話　02-27239968　e - mail：net@uth.com.tw

出版日期　2023年08月01日　二版一刷
定價　320元
郵政劃撥　18989626戶名：海鴿文化出版圖書有限公司

國家圖書館出版品預行編目資料

35歲，活著確實是一件非常複雜的事／張禮文著--
二版，--臺北市 ： 海鴿文化，2023.07
面 ；　公分. －－（成功講座；395）
ISBN 978-986-392-497-5（平裝）

1. 成功法　2. 生活指導

177.2　　112009124